그리스도를 본받는
제자의 도

KB193034

그리스도를 본받는 제자의 도

저자 앤드류 머레이
역자 임종원

초판 1쇄 발행 2023. 12. 22.

발행처 도서출판 브니엘
발행인 권혁선

책임교정 조은경
책임영업 기태훈
책임편집 브니엘 디자인실

등록번호 서울 제2006-50호
등록일자 2006. 9. 11.

서울특별시 송파구 백제고분로28길 25 B101호 (05590)
마케팅부 02)421-3436
편집부 02)421-3487
팩시밀리 02)421-3438

ISBN 979-11-93092-14-9 03230

독자의견 02)421-3487
이메일 editorkhs@empal.com

북카페 주소 cafe.naver.com/penielpub.cafe
인스타그램 @peniel_books

도서출판 브니엘은 독자들의 원고를 설레는 마음으로 기다리고 있습니다.
위의 이메일로 간단한 기획 내용 및 원고, 연락처 등을 보내주십시오.

도서출판 브니엘은 갓구운 빵처럼 항상 신선한 책만을 고집합니다.

그리스도를 본받는
제자의 도

예수님의 형상을 본받게 하려고 미리 택하신 하나님의 은혜

앤드류 머레이 지음 | 임종원 옮김

브니엘

"우리의 형상을 따라 우리의 모양대로 우리가 사람을 만들고 그들로 바다의 물고기와 하늘의 새와 가축과 온 땅과 땅에 기는 모든 것을 다스리게 하자"(창 1:26).

창조에 관한 논의와 인간의 역사를 소개하는 이 성경 말씀에서 인간이 존재하는 영원한 목적, 즉 인간을 규정하는 영광스럽고 영원한 미래를 접하게 된다. 하나님은 하나님을 닮은 피조물, 하나님의 형상을 한 비슷한 존재, 눈으로 볼 수 없는 하나님의 영광을 가시적으로 구현한 존재를 만들자고 제안하셨다.

즉시 창조되었지만, 하나님처럼 생긴 존재를 창조하는 일은 사실 무한한 지혜가 필요하셨다. 하나님이 절대적으로 다른 모든 것과 무관하고, 스스로 삶을 유지하며 존재하기 위해서 자신 이외에는 전혀 필요 하지 않는 것은 하나님의 본성이자 영광이다. 인간이 하나님을 닮으려면 이처럼 하나님의 형상을 간직해야 한다. 자유로운 선택으로 마땅히 되어야 할 존재가 되어야 한다.

우리는 직접 선택해야 한다. 의존적으로 되고, 모든 것을 복된 창조주께 의지하는 일은 인간의 본성이며 영광이다. 의존적이면서도 자기 결정이 필요하고, 창조되었으면서도 하나님을 닮은 존재라는 이 모순을 어떻게 해소할 수 있을까? 사람 안에서 그 신비는 해결되었다. 하나님은 인간에게 생명을 허락하시면서 '자유 의지'라는 놀라운 능력을 함께 부여하셨다. 하나님의 형상처럼 높고 거룩한 것이 실제로 인간의 몫이 될 수 있는 것은 개인적이고 자발적인 행위를 통해서만 가능하다. 즉 자유 의지.

죄가 들어오고 인간이 고귀한 본분에서 멀어질 때도 하나님은 그 목적을 포기하지 않으셨다. 이스라엘을 상대로 계시하신 내용 가운데 핵심은 이것이었다. "내가 거룩하니 너희도 몸을 구별하여 거룩하게 하고"(레 11:44). 하나님을 닮는 것은 그분의 더할 나위 없는 완전함 일부라서 이스라엘이 소망으로 삼아야 했다. 구속은 창조의 순간에 계시된 것보다 소중한 개념은 아니었다. 그것은 영원한 목적을 받아들여서 수행한 것에 불과했다.

아버지께서 자신의 형상을 드러낸 아들을 세상에 보내신 것은 이 일을 염두에 두신 것이었다. 하나님을 통해서 우리가 창조되었고, 우리가 개인적으로 우리 소유로 삼아야 하는 하나님의 형상이 인간의 형태로 계시되었다. 주님은 하나님의 형상과 우리 자신의 모습을 보여주러 오셨다. 주님을 바라보면 우리가 오랫동안 잃어버린 하나님의 형상에 대한 갈망이 되살아난다. 그 형상대로 새로워지도록 자신을 포기할 수 있는 용기를 갖게 하는 희망과 믿음이 생겨난다.

이것을 위해서 예수님은 이중적인 사역을 담당하셨다. 하나는 삶 속에서 하나님의 형상을 드러냄으로써 그것을 따르는 삶이 얼마나 위대한지 알려주시고, 또 하나는 주님을 우리의 구속자로 기대하고 받아들이는 삶이 어떤 것인지를 이해시키는 일이셨다. 예수님은 이것을 실천하시고, 인간의 몸으로 하나님 생명의 형상을 보여주셨고, 죽음으로써 우리를 사로잡아서 자기 생명을 하나님 형상의 생명으로 나눠주셨다. 그리고 그 능력으로 우리가 하나님 안에서 목격한 형상대로 살 수 있게 하셨다. 그러고는 하늘로 올라가셨는데, 그것은 처음에 우리에게 제시하고 나서 나눠주려고 하셨던 생명의 능력을 성령님을 통해서 주기 위함이었다.

우리의 모범이신 주님이 삶을 통해 계시하신 것을 위해 구속자이신 그분은 죽음의 대가를 치르고 능력을 확보하셨다. 세상에서의 삶은 그 길을 보여주었다. 주님의 거룩한 삶은 우리가 행할 수 있는 능력이 된다. 하나님이 함께 엮어놓으신 것을 인간이 나누지 못한다. 구속을 온전히 믿지 못하면 그 모범을 좇을 능력을 갖출 수 없다. 그리고 그 모습을 구속의 위대한 목적으로 삼고 순종하지 않으면 능력을 제대로 발휘할 수도 없다. 예수님이 지상에서 사신 삶은 하나님의 형상을 보여주기 위함이었다. 하늘에 계신 주님은 우리가 삶 속에서 하나님의 형상을 드러내게 하셨다. 그렇기에 우리는 예수님의 삶이 진정으로 우리 삶의 규칙이 되고 주님이 보여주신 모범을 완벽하게 따르는 삶을 살아야 한다.

하늘에서 비추는 태양과 여기 지상의 주택에서 비추는 조명은 어느 정도 차이가 있다. 그런데도 빛은 성격상 동일하고, 등은 작은 공간에서 태양 같은 구실을 한다. 교회의 양심은 예수님의 겸손과 자기 부인, 즉 하나님의 사역과 뜻에 대한 전적 헌신과 준비된 순종, 그리고 자기 희생의 사랑과 부드러운 자비가 바로 성도가 추구해야 할 특권일 뿐 아니라 소박한 의무로 간주하는 것과 다를 바 없다는 점을 익히지 않으면 안 된다. 대부분이 생각하듯 예수 그리스도와 그분께 속한 사람들에게 적용되는 기준은 다르지 않다. 포도나무의 가지이고, 몸의 지체이며, 같은 영을 함께 나눈 우리는 맏형의 형상을 유지해야 한다.

그리스도인들 가운데 이렇게 예수님을 따르는 제자도가 아주 드문 이유는 우리의 나약함에 대한 그릇된 생각과 신적 은총이 우리 안에서 역사하기를 기대하지 않는 믿음에서 확인할 수 있다. 사람들은 죄의 능력을 아주 강력하게 인정하면서도 은총의 능력은 그렇지 않아서 예수님처럼 사랑하고 용서하며 하나님의 영광에 헌신하겠다고 생각하지 못한다. 그들은 그것이 한계를 벗어난 이상적인 것, 즉 아름답지만 결코 실현될 수 없는 일로 간주한다. 그들은 성질을 죽이고 전적으로 하나님을 위해서 살려고 진지하게 노력하지 못하는 점을 그런 일이 불가능한 증거로 제시한다.

그와 같은 불신을 극복할 수 있는 유일한 방법은 우리의 모범 되시는 예수님을 아주 충만한 진리 안에서 계속 따르는 일이다. 우리는 "하나님은 심지 않고는 거두시지 않는다는 것과 열매와 뿌리는 완벽하게 조화를 유지한다"는 사실을 배워야 한다. 하나님은 우리가 예수님을 닮기 위해 생각하고 행동하며 노력하길 바라신다. 우리는 그분과 같은 생명을 우리 안에 지니고 있다. 외적인 삶이 주님의 그 것을 닮는 삶보다 자연스러운 일이 또 있을까? 우리 안에 거하시는 예수님은 우리를 통해서 세상이 볼 수 있도록 빛을 발하는 말씀의 뿌리이자 능력이다.

여기서 우리가 그리스도를 본받는 삶을 살기 위해서는 예수님의 삶처럼 우리 삶을 하나님 안에 감추고, 예수님처럼 하나님과 교제를 지속하며, 예수님을 닮으려는 의지를 드러내면서 하나님의 영광을 위한 삶을 사는 것이다. 이런 삶을 통해서 우리가 진리를 이해하기 시작하는 순간, 예수님 때문에 하나님 안에서 누리는 삶이 실제로 예수님을 닮고, 예수님처럼 하나님과 교제하는 삶을 유지하여 능력을 얻으며, 예수님처럼 그런 삶에 뒤따르는 열매를 맺게 된다. 예수님의 제자라는 이름과 예수님을 본받는 것은 고백이 아니라 현실이다. 우리는 아버지께서 아들을 사랑하신 것처럼 우리를 진정으로 사랑하신다는 사실을 알게 된다.

감히 나는 이 글을 읽는 모든 그리스도인과 목회자들에게 묻고 싶다. 이론적으로나 실제적으로 교회에서 그리스도를 신적 모범과 모형, 즉 그분만을 우리가 창조된 하나님의 형상으로 회복시킬 수 있는 모습으로 제대로 제시했는지의 여부를 말이다. 이에 대한 대답은 이렇다. 교회에서 가르치는 이들이 어떤 사실에 대한 영원한 근거, 완벽하고 건전한 발전을 가능하게 하는 본질적인 의미, 그리고 하나님이 준비하신 놀라운 구원을 제대로 누리게 하는 나눔을 확실하게 의식하면 할수록 하나님께 속한 사람들이 높은 특권과 거룩한 실천을 가능하게 하는 영광스러운 삶을 소유하도록 더 잘 인도할 수 있다는 것이다. 이런 삶은 하나님의 계획대로 그들이 세상을 축복할 수 있게 준비하는 일이다. 요즘 세상이 필요로 하는 것이 바로 이것이다. 그리스도를 본받는 삶을 사는 제자는 예수님처럼 세상에 속해 있고, 예수 그리스도의 목적 — 아버지를 영화롭게 하고 사람들을 구원하는 것 — 이 바로 자신의 존재 목적 가운데 하나라는 것을 증명해야 한다.

한 가지를 더 덧붙이자면 그리스도를 본받는 삶을 실천하면서 은밀하고 치명적인 이기심이 깨어나지 않도록 무엇보다 조심해야 한다. 이기심은 사람들에게 명분만큼이나 자신을 위해서 예수님을 닮아가라고 부추긴다. 그런 사람은 은총 안에서 두드러지고 하나님의 자비 안에서 높아지는 것을 좋아한다.

예수님은 제자들에게 말씀하셨다. "그러므로 하늘에 계신 너희 아버지의 온전하심과 같이 너희도 온전하라"(마 5:48). 여기서 온전함이란 가치 없는 사람을 사랑하고 축복하는 일이다. 그러므로 예수님을 닮는 것에 포함된 다른 특징들은 이 한 가지, 즉 하나님의 뜻과 영광을 좇으면서 사람들을 사랑하고 구원하는 삶으로 모아진다. 주님은 기름 부음받은 자, 곧 그리스도이시다. 하나님께서 그리스도에게 기름을 부으셨다. 절망하여 포로되고 묶여 있고 애통해하는 우리들을 위해서다.

하나님의 영광을 위해 죄인들의 구원을 삶의 목적으로 삼고서 분명하게 자신을 포기하지 않으면 진정으로 예수님을 닮아가는 거룩함은 존재할 수 없다. 주님은 우리에게 자신을 주셨기에 우리와 다른 사람들에게 부지런히 선을 베풀도록 직접 요구하실 수 있다. 예수님은 우리를 위해서, 우리는 그분을 위해서 살아야 한다. 이것이 바로 온전한 거래, 온전한 연합, 관심과 목적에 대한 온전한 인식이다. 예수님은 우리를 위해 구세주가 되셨고, 지금도 여전히 우리를 위해 구세주가 되신다. 예수님이 지상에서 시작하신 사역은 예수님 닮아가는 제자도, 그리고 하나님의 영광을 위해서 계속된다.

우리가 하나님 안에서 예수님과 하나 됨으로써 가능해진 예수님을 닮는 삶의 내적 근원은 믿음과 기도, 하나님에 대한 의지와 교제의 삶을 통한 성장, 순종과 거룩함과 사랑이라는 열매로 결실을 보아야 한다. 예수님의 대표적인 특징과 영광은 그분이 이 한 가지를 위해서 살고 죽었다가 다시 살아나셨다는 것이다. 그것은 바로 죄인을 구원하시는 하나님의 뜻과 영광이다. 그래서 예수님을 본받아서 닮아가는 삶을 이렇게 요약할 수 있다. "오직 생명과 자비와 하나님의 영을 좇으면서 죄인들을 구원하시는 하나님의 뜻과 영광이라는 목적에 완전히 헌신하는 삶이다." 하나님의 무한하신 은혜와 축복이 이 책을 읽는 독자들에게 함께하시길 기도한다. 아멘.

글쓴이 앤드류 머레이

:
:

하나님의 거룩한
부르심에 순종하라

하나님 아버지의 미리 아심을 따라 성령이 거룩하게 하심으로

순종함과 예수 그리스도의 피 뿌림을 얻기 위하여

택하심을 받은 자들. 베드로전서 1:2

하나님이 처음부터 너희를 택하사 성령의 거룩하게 하심과

진리를 믿음으로 구원을 받게 하심이니. 데살로니가후서 2:13

오직 너희를 부르신 거룩한 이처럼 너희도 모든 행실에 거룩한 자가 되라. 기록되었으되 내가 거룩하니 너희도 거룩할지어다 하셨느니라. 베드로전서 1:15-16.

하나님을 위한 최고의 순종인 거룩함에 관한 하나님의 부르심은 영원 전부터 그분이 목적하신 것을 나타낸다. "미리 정하신 그들을 또한 부르시고"(롬 8:30). 그리스도인은 하나님의 목적에 따라 부름받은 사람들이다. 하나님은 그 부르심 속에서 우리를 향한 생각과 뜻이 무엇인지, 우리를 위해 예비하신 삶이 어떤 것인지 나타내신다. 하나님은 그 부르심 속에서 우리를 부르신 소망이 무엇인지 분명히 보여주신다. 우리가 이것을 영적으로 이해하고 이에 도달할 수 있을 때 이 땅에서 우리의 삶은 영원 전부터 우리를 향하신 하나님의 목적을 반영하게 될 것이다.

성경은 우리를 부르신 목적, 혹은 뜻을 가리켜 공통된 하나의 단어를 사용하는데, 베드로전서 1장 15~16절만큼 반복해서 나타나는 곳도 없다. 사도 바울은 두 차례나 그리스도인을 '성도로 부르심을 받은 자'라고 언급하고 있다.

> "로마에서 하나님의 사랑하심을 받고 성도로 부르심을 받은 모든 자에게 하나님 우리 아버지와 주 예수 그리스도로부터 은혜와 평강이 있기를 원하노라"(롬 1:7).
> "고린도에 있는 하나님의 교회, 곧 그리스도 예수 안에서 거룩하여지고 성도라 부르심을 받은 자들과 또 각처에서 우리의 주, 곧 그들과 우리의 주 되신 예수 그리스도의 이름을 부르는 모든 자들에게"(고전 1:2).

또한 "하나님이 우리를 부르심은 부정하게 하심이 아니요 거룩하게 하심이니"(살전 4:7)라고 말한다. 바울은 "평강의 하나님이 친히 너희를 온전히 거룩하게 하시고"(살전 5:23)라고 기록한 다음 "너희를 부르시는 이는 미쁘시니 그가 또한 이루시리라"(살전 5:24)는 말을 덧붙였다. 이 부르심은 '거룩한 부르심'으로 불린다.

부르심의 결과인 궁극적인 목적 또한 거룩함과 지속해서 관련되어 있다.

"우리를 택하사 우리로 사랑 안에서 그 앞에 거룩하고 흠이 없게
하시려고"(엡 1:4).

"하나님이 처음부터 너희를 택하사 성령의 거룩하게 하심과 진리
를 믿음으로 구원을 받게 하심이니"(살후 2:13).

"하나님 아버지의 미리 아심을 따라 성령이 거룩하게 하심으로
순종함과 예수 그리스도의 피 뿌림을 얻기 위하여 택하심을 받
은 자들"(벧전 1:2).

이처럼 부르심은 영원 속에서 아버지 하나님께서 마음속에 품으
신 목적을 나타낸다. 바로 우리가 거룩해야 한다는 뜻이다.

하나님께서 우리를 부르신 뜻을 아는 것은 더할 나위 없이 대단
히 중요한 일이다. 만약 우리가 이것을 잘못 이해한다면 우리는 무
척 위험할 수도 있다. 당신은 하나님께서 당신을 구원하시기 위해,
당신이 행복하도록, 용서받고 천국을 소유하도록 부르셨다는 말씀
을 들어보았을 것이다. 그러나 그 모든 것이 하나님의 주된 목적에
뒤따르는 부수적인 것들이라고 생각해본 적이 있는가? 주된 목적은
"성령의 거룩하게 하심으로 구원을 받게 하시는 것"이며, 거룩함은
구원과 천국을 얻기 위한 가장 우선적이면서도 가장 중요한 요소이
다. 많은 그리스도인이 기쁨과 열정이 없음으로 인한 실패와 느린
영적 성장을 하소연한다. 그 원인은 하나님께서 거룩함을 요구하셨
을 때 그들이 응답하지 않았기 때문이다. 그들은 아직 하나님과 부

르심에 관해 합의를 이루지 못하고 있다.

사도 바울이 에베소 사람들에게 "거룩하게 하려고 택함 받았다"라고 말한 성경 말씀에서 모든 믿는 자에게 지혜와 계시의 정신을 주셔서 하나님을 알게 하시고, 또한 '부르심의 소망' 이 무엇인지 알게 해주시기를 기도했던 것도 놀랄 일은 아니다.

> "우리 주 예수 그리스도의 하나님, 영광의 아버지께서 지혜와 계시의 영을 너희에게 주사 하나님을 알게 하시고 너희 마음의 눈을 밝히사 그의 부르심의 소망이 무엇이며 성도 안에서 그 기업의 영광의 풍성함이 무엇이며"(엡 1:17-18).

이제 우리가 무엇으로 부름받았는지 알게 되었다면, 모두 그와 같이 기도로써 우리를 부르신 이가 거룩하신 것같이 우리도 거룩하게 해주시기를 하나님께 구해야 한다.

우리의 부르심에서 다른 무엇보다 더욱 중요한 것은 거룩함을 이루는 일이다. 하나님께 거룩함이 무엇인지 가르쳐주시기를 기도하자. 먼저 그분의 거룩하심이고, 그다음 우리가 가져야 할 거룩함이다. 하나님께서 그분의 형상과 모습대로 만들어진 존재인 우리를 통해 보기 원하시는 모습이 무엇인지를, 그의 거룩함으로 그리스도와 나누게 되는 형언할 수 없는 축복과 영광을 보여주시기를 구하자. 그러면 하나님께서 그분의 성령으로 우리에게 이 모든 것을 가르쳐주실 것이다. 우리는 그것이 가져올 엄청난 영향력을 충분히 마음에 품을 수 있을 것이다.

"너희를 부르신 거룩한 이처럼 너희도 거룩한 자가 되라." 하나님의 이 부르심은 "내가 거룩하니 너희도 거룩하라"는 명령 뒤에 숨어 있는 진정한 동기를 우리에게 가르쳐준다. 하나님은 말씀하신다. "거룩함은 나의 축복이요 나의 영광이다. 이것이 없이는 나를 보지도 나의 안에서 즐거워하지도 못한다. 그보다 더한 높은 뜻은 없다. 나는 너희가 나와 함께 거룩함을 공유하기 원한다. 나는 너희가 나의 형상을 닮기 원한다. 나의 거룩함에 참여하는 것, 이것이 너희의 마음을 이끌어 깊은 감동을 주지 않느냐? 나는 너희에게 나 자신을 준다. 이것은 내가 줄 수 있는 가장 좋은 것이다. 내가 거룩하니 너희도 거룩하라." 우리는 이 놀라운 부르심에 관한 응답으로 우리의 영혼이 기꺼이 모든 것을 드릴 수 있도록 하나님께 그분의 거룩함의 영광을 보여주시기를 간절히 기도해야 한다.

그분의 부르심은 거룩함의 진정한 본질을 보여준다. "너희를 부르신 거룩한 이처럼 너희도 거룩한 자가 되라." 거룩해지는 것은 하나님을 닮는 것, 즉 하나님과 같은 성품과 뜻과 특성이 있는 것이다. 이런 생각은 우리가 "그가 그리스도 안에서 우리를 거룩하게 하려고 택하셨다"라는 말씀을 듣기 전까지는 거의 신성모독처럼 들릴지도 모른다. 그러나 그리스도 안에서 하나님의 거룩하심이 한 인간의 삶으로 나타났다. 우리는 그리스도라는 본보기, 그리스도의 마음과 정신 속에서 보이지 않는 하나님의 거룩하심이 눈에 보이는 사람의 삶과 행동으로 갈아입은 모습을 본다. 그리스도와 같이 되는 것은 하나님과 같이 되는 것이다. 그리스도와 같아진다는 것은 하나님께서 거룩하시듯이 거룩하게 된다는 의미이다.

부르심은 거룩함의 능력을 드러낸다. "주밖에 거룩하신 자가 없나이다." 주님께 없거나 주님이 아닌, 혹은 주님이 주시지 않는 거룩함은 없다. 그런 특성은 우리가 가지거나 행할 수 있는 것이 아니다. 그것은 하나님의 생명을 소통하는 것이며, 하나님의 본성을 불어넣는 것이며, 하나님의 현존이 우리에게 머무는 것이다. 그리고 거룩하게 되기 위한 우리의 힘은 하나님의 부르심 속에서 발견된다. 거룩하신 분이 우리를 그분께로 부르시고, 우리가 그분을 소유하게 하심으로써 거룩하게 하신다. 그분은 "나는 거룩하다"라고 하셨을 뿐만 아니라 "나는 너희를 거룩하게 하는 여호와라"고 말씀하셨다. 그 부르심이 능력과 사랑이 무한하신 하나님에게서 왔기에 우리 역시 거룩해질 수 있음을 믿을 수 있다.

부르심은 거룩함의 기준을 나타낸다. "너희를 부르신 거룩한 이처럼 너희도 거룩한 자가 되라." 하나님과 사람에게 서로 다른 기준이 있는 것이 아니다. 햇빛이건 촛불이건 빛의 속성은 같은 것처럼 말이다. 거룩함이 거하는 장소가 하나님이든 사람이든 그 본질은 변하지 않는다. 예수님은 "하늘에 계신 너희 아버지의 온전하심과 같이 너희도 온전하라"고 하셨다. 하나님께서 우리를 거룩하게 하려고 부르신 것은 우리를 그 자신과 그 생명으로 부르신 것이다. 우리가 그분의 목소리를 더 주의 깊게 듣고, 그 음성이 마음속에 자리 잡게 하면 할수록 인간의 기준은 우리에게서 더 멀어지고 "내가 거룩하니 너희도 거룩할지어다"라는 말씀만 들려올 것이다.

부르심은 거룩함의 길을 보여준다. 하나님의 부르심은 강력한 효능이 있는 실제적인 부르심이다. 하나님께 귀를 기울이면 그분의 능력으로 그 부르심이 역사할 것이다. 하나님은 죽은 자들에게 생명을 주시며, 생명을 준 자들에게 거룩함을 주신다. 하나님은 우리에게 그분의 거룩하심에 대해 말씀하시는 바를 듣고, 우리도 그와 같이 거룩하라고 하신다. 하나님은 우리를 그분의 거룩하심을 묵상하고 경외하며, 사랑하고 요구하라고 그 자신에게로 부르신다.

하나님은 우리를 그리스도께로 부르신다. 그리스도 안에서 하나님의 거룩하심이 인간의 거룩함이 되었으므로 우리를 위해 준비된 모든 것을 알고 그것을 동경하며 갈망하고 받아들이라고 하신다. 하나님은 거룩하신 성령의 내주하심과 가르치심으로 우리를 인도하시고, 우리 자신을 그분께 드림으로써 그분의 나라를 이루시고, 그리스도 안에서 우리에게 예정된 것을 말씀하기 원하신다. 그리스도인이여, 당신을 거룩함으로 부르시는 하나님의 음성을 들어라. 와서 그분의 거룩하심이 무엇인지, 당신의 거룩함이 무엇인지, 그리고 그것이 어떠해야 하는지 배워라.

잠잠히 귀 기울여라. 하나님께서 아브라함을 부르실 때 아브라함은 "내가 여기 있나이다"라고 대답했다. 하나님께서 떨기나무에서 모세를 부르실 때 모세는 "내가 여기 있나이다"라고 대답하는 동시에 하나님을 바라본다는 두려움으로 얼굴을 가렸다. 지금 하나님께서 당신을 거룩하게 하시기 위해 거룩하신 이에게로 친히 부르고 계신다. 당신의 온 마음으로 대답해야 한다. "내가 여기 있나이다. 주여, 말씀하소서. 당신의 얼굴을 보이소서. 주여!"

귀를 기울이면 그분의 음성이 훨씬 깊고 세미하게 들려올 것이다. "내가 거룩하니 너희도 거룩할지어다. 내가 거룩하므로 너희도 거룩할지어다." 당신은 광대한 영원에서부터, 구속받은 장로들의 공회로부터 나오는 한 음성을 듣게 될 것이다. 그 아련한 속삭임은 "내가 거룩하니 너희도 거룩할지어다"라는 말씀이다. 당신은 창조주가 낙원에서 일곱째 날을 거룩하게 하시고, 친히 창조한 사람에게 말씀하신 소리를 들을 것이다. "거룩하게 하라." 당신은 시내산에서 우레와 번개 가운데 한 음성을 들을 것이다. 그 목소리 역시 "내가 거룩하니 너희도 거룩할지어다"라는 말씀이다. 당신은 갈보리에서 목소리를 들을 것이다. 그 무엇보다 "내가 거룩하니 너희도 거룩할지어다"라는 말씀이다.

하나님의 자녀여, 당신은 하나님으로부터 그 음성을 들은 적이 있는가? 사실 우리에게는 거룩함보다 행복이, 성화보다 구원이 우선이었다고 고백해야 하지 않겠는가? 그러나 그 잘못을 바로잡아서 회복하기에 아직 늦지 않았다. 당신을 가까이 이끄는 그 목소리에 귀를 기울이고 거룩함이 무엇인지 깨달아야 한다. 아니, 그보다 하나님을 찾고 그분이 거룩하신 분임을 알아야 한다. 하나님께 다가가는 첫 순간이 부끄러움과 혼란으로 가득하고, 우리를 두렵고 움츠러들게 할지라도 여전히 그 목소리에 귀 기울여야 한다.

"내가 거룩하니 너희도 거룩하라." "너희를 부르신 이는 미쁘시니 그가 또한 이루시리라." 우리의 모든 두려움과 의문이, 우리에게 그분의 거룩하심을 함께 공유하게 하시기 위한 이 한 가지 목적을 마음에 품으신 하나님과 만나게 할 것이다. 우리를 부르시는 그 거룩한 목소리를 듣기 위해 우리의 영혼을 깊은 고요함 속으로 이끈다면, 그 음성이 우리 안에 새로운 열망과 강한 믿음을 일깨우고, 모든 언약 중 가장 귀중한 하나님의 부르심이 우리의 것이 될 것이다. "내가 거룩하니, 너희도 거룩할지어다."

고린도에 있는 하나님의 교회, 곧 그리스도 예수 안에서 거룩하여지
고 성도라 부르심을 받은… 모든 자들에게. 고린도전서 1:2.

그리스도 예수 안에서 빌립보에 사는 모든 성도와 또한 감독들과 집
사들에게 편지하노니. 빌립보서 1:1.

그리스도 예수 안에 있는 성도에게 각각 문안하라. 빌립보서 4:21.

'거룩함' 과 '그리스도 안에서' 라는 말은 아마도 성경 전체에서
가장 놀라운 말일 것이다. 거룩함은 스랍들(하나님의 보좌 주의에서
하나님을 섬기는 여섯 날개를 가진 천사들. 사 6:1-2)조차 얼굴을
가리고 말할 만큼 심오한 의미가 있다. 거룩함은 하나님의 모든 완
전성이 집중되고 그분의 영광이 흘러나오는 말이다. 거룩함은 영원
하신 하나님께서 사람들을 향해 품고 계시는 목적을 드러내며, 다가

올 영원한 나라에서 사람들이 취할 수 있는 최고의 영광, 즉 하나님의 거룩하심에 참여하는 자가 될 것을 예언하는 말이다.

또한 '그리스도 안에서'라는 말에는 하나님의 모든 지혜와 사랑이 나타난다. 아버지는 그분의 아들이 우리와 하나가 되게 하셨다. 아들은 십자가에서 죽음으로써 우리를 하나님과 하나가 되게 하셨다. 아버지의 성령은 우리 안에 거하셔서 그 연합을 성립시키고 유지하게 하신다. 그러므로 '그리스도 안에서'라는 말보다 구속이 이루어낸 모든 일을 더 잘 요약할 수 있는 말이 있을까? 그리스도 안에 하나님의 자녀에게 허락된 측량할 수 없이 복된 삶이 있다. '그리스도 안에서'는 우리가 이 땅에서 배워야 할 한 가지 가르침이며, 우리의 모든 필요와 기도에 관한 하나님의 응답이자 영원한 영광의 보증과 전조이다.

'그리스도 안에서 거룩함.' 이 두 단어의 결합은 얼마나 풍성한 의미와 축복을 담고 있는가! 여기에 우리의 거룩함을 위한 하나님의 예비하심과 우리가 어떻게 거룩해질 수 있는가에 관한 하나님의 대답이 있다. 사실 우리가 "내가 거룩하니 너희도 거룩할지어다"라고 하시는 하나님의 부르심을 듣는 순간, 하나님과 인간의 거룩함 사이에 마치 광대한 틈이 있는 것처럼 느껴진다. 그러나 그리스도라는 다리가 그 틈을 연결하고 그분의 온전함으로 채우신다.

그리스도 안에서 하나님과 사람이 만난다. 거기서 하나님의 거룩하심이 우리를 찾고 그분의 소유로 삼으며 인간화되고, 사실상 우리의 것이 된다. 그리스도를 믿으면서도 아직 거룩해지는 것에 관해 알지 못하는 수많은 목마른 영혼들의 간절한 울부짖음과 갈망에 관한 하나님의 응답은 이것이다. "너는 그리스도 안에서 거룩하다." 우리는 이 말씀에 귀를 기울이고 믿어야 한다. 하나님의 빛이 비치고 당신의 마음이 기쁨과 사랑으로 가득할 때까지, 그리고 그 말씀이 다시 울려올 때까지 수천 번이라도 되뇌고 되뇌어야 한다. "마침내 나는 깨달았다. 그리스도 안에서 나는 거룩하다. 그리스도 예수 안에서 거룩하여졌다"라고 고백할 수 있을 때까지.

이 놀라운 말씀을 살펴보면서 하나님만이 우리에게 거룩함이 진정 무엇인지 나타내실 수 있음을 기억해야 한다. 자기의 생각을 경계하고 자기 지혜를 못 박아야 한다. 자기를 복종시켜 우리에게 내주하여 일하시는 하나님의 생명의 능력으로 말미암아 우리가 생각할 수 있는 것 이상으로 깊고 진실하신 그리스도를 우리의 거룩함으로 삼아야 한다. 거룩하신 성령님의 가르침을 의지하면서 성경이 우리에게 말씀하시는 것을 겸허히 받아들여야 한다. 옛적부터 거룩하신 분의 계시는 매우 느리고 점진적이었다. 그러므로 이제 한 걸음씩 인내심을 갖고 말씀을 통해 비추는 빛의 행로를 따르자. 그것은 완전에 이르기까지 점점 더 밝게 빛날 것이다.

먼저 구약에 나타난 거룩함의 개념부터 살펴보자. 이스라엘 민족은 거룩한 백성으로서 오늘날 그리스도 안에서 거룩해진 우리의 전형이다. 우리는 그들을 통해 하나님께서 사람들에게 어떤 모습으로 변화되기 원하셨는지 이해할 수 있는 온전한 표상을 보게 된다. 우리는 율법을 보면서 어떻게 거룩함으로 구원에 이르며, 어떻게 그 거룩함이 구원의 준비를 위한 가장 큰 중심이 되었는지 깨닫게 된다. 우리는 예언서들 속에서 구속의 역사를 흘려보내는 원천으로 나타난 하나님의 거룩하심을 볼 수 있다. 그러나 거룩하신 하나님께서 사랑의 약속을 이행하시고 의를 수호하시면서 자신을 자신 백성의 하나님으로 나타내신 거룩하심은 더욱 크다.

구약에서 거룩함의 뜻이 발견되기 시작하고 그 축복의 필요가 깊이 나타났다면 우리는 그 필요가 어떻게 채워졌는지 알기 위해서 신약으로 돌아가야 한다. 하나님의 거룩하신 자인 그리스도 안에서, 하나님의 거룩하심이 인간의 삶과 인간의 본성 속에서 발견될 것이다. 거룩하신 예수님은 십자가의 희생으로 자신을 죽음에 내어주셨고, 씨앗처럼 죽음을 통해 그 거룩함이 다시 살아나서 우리 안에서 재생되었다.

하나님의 거룩하신 영은 보좌로부터 나와 눈에 보이지 않는 그리스도를 드러내고 보여주고 이해시켜주신다. 그리스도의 거룩한 생명은 거룩함이라는 선물로 그분의 백성을 보존시키고 소유하며 그들과 하나가 된다. 구약에서 '거룩함' 보다 더 뛰어난 말이 없듯이 신약에서 '그리스도 안에서' 보다 더 심오한 말은 없다. 그분 안에 거하고, 그분과 동행하며, 그분에게 뿌리박고, 그분 안에서 그분에게까지 자라는 것, 이 모든 것이 인간의 언어를 통해 우리와 우리의 구속자 사이의 놀랍고도 온전한 조화를 우리에게 가장 가까이 다가오게 하신 하나님의 표현법이다.

구약은 우리에게 '거룩함'이 무엇을 의미하는지 가르쳐준다. 신약은 '그리스도 안에서'의 의미를 가르쳐준다. 이 두 가지 표현의 결합은 하나님의 말씀 속에서 그분이 그 사랑으로 말미암아 우리에게 주신 위대한 구속을 가장 완전하게 요약한 것이다. 하나님께서 그분의 아들을 통해 우리에게 예비하신 거룩함의 변함없는 확실성과 놀라운 충족함, 무한한 유효성이 모두 이 복된 '그리스도 안에서 거룩함'이라는 말씀에서 드러난다.

"그리스도 예수 안에 있는 성도들!" 그리스도인으로서 이 이름은 우리가 성경을 통해 성령 안에서 갖는 이름이다. 그리스도 안에서 우리가 거룩하다고 한 말씀은 단순한 교리의 진술이 아니다. 그것은 우리가 부여받은 심오한 신학적 토의 대상도 아니다. 오직 하나님께서 깊은 사랑으로 그분의 사랑하는 자녀들을 일컫는 음성이다. 그것은 하늘 아버지께서 그분의 자녀들을 부르시는 이름이다. 그 이름은 우리를 거룩하게 하시려는 하나님의 뜻을 보여준다. 그것은 하나님께서 우리에게 주신 것과 우리가 누구인지, 하나님께서 우리 안에서 역사하시려는 일이 무엇인지, 우리로 개인적이면서도 실제로 소유하도록 허락하신 것이 무엇인지 나타내신 것이다. 감사로 수용하고 기쁨으로 고백하며 신실하게 구해야 하는 그 이름은 우리가 부름받은 대로 거룩함에 이르게 하는 힘이자 보증이다.

우리는 이 모든 하나님의 가르침이 세 가지 위대한 교훈 속에 포함되어 있음을 깨닫게 된다. 첫째는 "나는 거룩하다"라는 계시이다. 둘째는 "너희도 거룩할지어다"라는 명령이다. 마지막 셋째는 그 둘 사이를 연결하는 것으로 "그리스도 안에서 우리는 거룩하다"라는 선물이다.

첫 번째로 "나는 거룩하다"라는 계시이다. 우리는 무릎 꿇고 경배하는 마음과 깊은 겸손으로 이 계시를 고찰해야 한다. 만약 우리가 거룩함이 무엇인지 알고자 한다면 하나님께서 직접 우리에게 그분을 나타내셔야 한다. 우리는 우리 본성의 심히 부정함과 그 본성에 속한 모든 모습을 깨달아야 한다. 거룩하신 하나님께서 친히 자신을 나타내 보이셨을 당시의 모세와 이사야처럼 우리도 경외함으로 떨어야 한다. 우리는 성령의 불로 깨끗함을 받지 않고는 하나님과 교제를 나누거나 그분을 알 자격이 전혀 없음을 고백해야 한다. 우리가 가진 지혜나 이성으로 하나님을 알 수 없음을 철저히 깨닫고, 자기 자신이나 자신의 힘과 노력에서 벗어나 회개하는 심령을 가지고 우리 영혼이 하나님을 거룩하신 자로 나타내기 위해 하나님의 영, 거룩함의 성령에 굴복해야 한다.

그리고 영원하신 의의 하나님, 죄에 대해 불타오르는 격노를 발하시면서 죄인들을 죄에서 자유롭게 하고, 그분의 완전하심으로 인도하기 위해 무한한 희생적 사랑을 주시는 하나님을 알게 되면서부터 우리는 이 영화로운 하나님을 동경하고 예배하게 될 것이다. 또한 스스로 얼마나 하나님의 형상에 이르지 못하고 있는지를 깨닫고 크게 뉘우치며, 그분의 거룩함에서 나오는 아름다움과 축복을 갈망하고 간구하게 될 것이다.

그 후에야 "내가 거룩하니 너희도 거룩할지어다"라는 명령은 새로운 의미로 다가올 것이다. 하나님의 명령에 순종하기로 고백한 당신은 모든 것을 초월하고 전부를 포함하는 이 명령을 그 마땅한 대로 당신의 삶과 마음의 최우선으로 삼을 것이다. 하나님의 거룩하심을 따라 거룩하라. 그분이 거룩하시므로 거룩하라. 아마 당신이 더 많이 묵상하고 연구하면 할수록 거룩함의 이 심오한 의미를 더 파악하기 어려울 것이다. 아마도 때때로 그것을 더 많이 이해할수록, 거룩함이 너무나 신성하므로 오히려 그것을 깨닫고자 하는 마음을 단념할 것이다.

그러나 그런 절망과 좌절은 단지 그 명령을 행할 때가 되었음을 나타낼 뿐이다. 그러므로 우리는 자기 자신의 선함은 물론이고, 지혜도 버릴 수 있어야 한다. 거룩하신 분이 요구하는 거룩함이 인간의 지식과 능력을 얼마나 전적으로 초월한 것인지를 알도록 가난한 심령으로 하나님께 가까이 나아가야 한다. 하나님은 자기를 버리고 육체를 신뢰하지 않는 영혼에 그분이 요구하시는 거룩함을 나타내 보이고 베풀어주실 것이다.

그러면 마침내 '그리스도 안에서 거룩함'이라는 이 위대한 선물에 관한 이해와 수용을 할 수 있게 된다. 그리스도는 하나님의 거룩하심을 인간의 행위와 관계로 나타내심으로써 우리에게 더 가까이 이끄셨다. 그리스도는 거룩함과 우리, 하나님과 인간 사이의 장벽을 제거하시고 거룩함이 우리의 손이 닿는 곳에 있게 하셨다. 그리스도는 우리와 하나가 되기 위해 거룩함을 인간들 가까이 이끄셨다.

"그리스도 안에서 거룩하다." 우리가 그리스도 안에 있으므로 하나님에 의해 거룩함을 부여받고, 그분의 거룩함이 전가되고, 그것이 우리 안에서 능력 있게 역사하고 있다. 이 놀라운 내주하심은 우리의 생명이 그리스도의 생명에 뿌리박고 있음을 보여준다. 아버지 하나님의 거룩하신 아들이자 종은 이 땅에서 아름다운 사랑과 순종의 삶을 사셨고 우리를 위해 자기 자신을 희생하셨다. 그런 그리스도의 삶은 우리가 심고 뿌리 내려진 토양이다. 우리는 그 토양에서 그 모든 특성과 성질을 공급받는다.

"그리스도 안에서"라는 말씀은 "내가 거룩하다"라는 하나님의 계시와 "너희도 거룩할지어다"라는 명령에 빛을 비춘다. 우리는 그리스도 안에서 하나님의 거룩하심과 우리의 거룩함을 볼 수 있다. 그 안에서 하나님과 나의 거룩함이 통일되며 나의 것이 된다. 그 안에서 나는 거룩하다. 나는 그분과 동행하고 그 안에서 자람으로써 하나님께서 거룩하시듯 모든 삶의 모습에서 거룩할 수 있다.

이에 모세가 이르되 내가 돌이켜 가서 이 큰 광경을 보리라. 떨기나무가 어찌하여 타지 아니하는고 하니 그때에 여호와께서 그가 보려고 돌이켜 오는 것을 보신지라. 하나님이 떨기나무 가운데서 그를 불러 이르시되 모세야 모세야 하시매 그가 이르되 내가 여기 있나이다. 하나님이 이르시되 이리로 가까이 오지 말라. 네가 선 곳은 거룩한 땅이니 네 발에서 신을 벗으라. …모세가 하나님 뵈옵기를 두려워하여 얼굴을 가리매. 출애굽기 3:3-6.

　　그곳이 왜 거룩한 땅이었을까? 그것은 바로 하나님께서 계신 자리였기 때문이다. 하나님께서 계신 곳에는 거룩함이 있다. 거룩하게 하는 것은 하나님의 임재이다. 이것은 에덴동산에서 사람이 창조되었을 때 우리가 깨달은 진리이다. 성경에서 거룩함이라는 단어가 두 번째로 등장한 출애굽기에는 하나님께서 거하시는 곳이 거룩하다는 사실이 반복되며 그 의미 또한 더 분명히 나타난다. 하나님께서 불 붙은 떨기나무에서 주신 말씀을 주의 깊게 묵상하면 그 심오한 의미를 더욱 잘 알게 될 것이다. 그 거룩한 땅에서 나타난 거룩한 역사와 하나님의 계시는 무엇인지, 또한 모세가 우리에게 말해주고자 하는 것은 무엇인지 찬찬히 알아보자.

첫째, 그 땅은 거룩하신 분으로서 하나님을 인간에게 처음으로 직접 나타내신 거룩한 역사적 장소라는 사실에 주목하자. 우리는 낙원에서 거룩함이라는 단어가 일곱째 날에 사용되었다는 것을 알았다. 우리는 하나님께서 안식일을 거룩하게 하신 것이 전능하신 창조주가 거룩하게 하는 일을 행하시는 거룩하신 주라는 사실을 나타내며, 이 새로운 섭리를 약속하기 위한 것임을 깨달았다.

그러나 창세기 전체에서 거룩함이라는 말은 다시 찾아볼 수 없다. 마치 하나님의 거룩하심이 잠시 중단된 것처럼 보인다. 그러나 모세를 부르신 출애굽기에서 그 말이 다시 등장한다. 이것은 매우 중요한 사실이다. 부모나 교사가 어린아이에게 한 번에 한 가지씩 가르쳐주는 것처럼 하나님도 인간을 그렇게 교육하신다.

하나님은 죄에 대한 그분의 의로운 심판을 보이신 대홍수사건 이후에 택한 백성의 조상이 될 아브라함을 부르셨다. 그리고 그 백성을 가르치시는 한 가지 원칙으로써 아브라함과 그의 씨에게 먼저 어린아이 같은 신뢰를 가르치셨다. 하나님을 전능하신 분으로 믿으면 그 무엇도 그다지 경이롭지 않으며, 하나님을 신실하신 분으로 믿으면 한 번 맹세하신 것은 절대로 깨지지 않음을 알게 되는 것이다.

우리는 이스라엘이 하나의 민족으로 성장하자, 새로운 단계로 이끄시는 하나님의 계시를 본다. 어린아이의 단순함은 청년의 변덕스러움에 이르렀고, 이제 하나님께서 훈계와 율법의 통제로 간섭하셔야 할 때가 왔다. 그들이 하나님을 아버지로 믿음으로 권리를 얻으신 하나님은 그들을 위해 더욱 깊은 계시를 마련하셨다. 아브라함의 하나님께 가장 두드러진 속성은 전능하신 하나님이었다. 이스라엘의 하나님 여호와께 그것은 거룩하신 하나님이었다.

이제 막 시작하려는 새 시대의 특징은 무엇이며, 거룩함이라는 말이 나타내려고 하는 것은 무엇일까? 하나님은 모세에게 새로운 모습의 하나님을 나타내려고 하셨다. 아브라함에게는 전능하신 하나님, 언약의 하나님이었다(출 6:3-4). 이제는 일을 이루시는 하나님, 특히 그분이 아브라함에게 예언하신 것처럼 속박으로부터 그분의 백성을 구원하고 해방하시는 여호와로 나타나려고 하셨다. 전능하신 하나님은 창조의 하나님이시다.

아브라함은 죽은 자를 살리시며 없는 것을 있는 것으로 부르시는 하나님을 믿었다. 여호와는 구원과 거룩함의 하나님이시다. 아브라함과 관련해서는 죄나 범죄라는 말이 없었고, 따라서 구원이나 거룩함이라는 말도 없었다. 이스라엘에 율법이 죄를 확정하게 하려고 주어진 것은 구원의 길을 마련하기 위함이었다. 지금 이스라엘에 나타나신 하나님은 거룩하신 여호와, 곧 구원자이시다. 그 땅을 거룩하게 하는 것은 이 거룩하신 분의 임재 때문이다.

둘째, 하나님의 임재하심은 어떻게 나타나는가? 하나님은 불이 붙은 떨기나무에서 불 가운데 거하시는 분으로 자신을 나타내셨다. 성경의 다른 곳에서는 불과 하나님의 관계가 더욱 분명하게 표현되었다. "이스라엘의 빛은 불이 되고 그의 거룩하신 이는 불꽃이 되실 것이니라"(사 10:17). 불의 본질은 유익할 수도 파괴적일 수도 있다. 가장 거대하고 핵심적인 불인 태양 역시 생명과 풍작을 줄 수도 있지만 반대로 그것들을 태우고 죽게 할 수도 있다. 모든 것은 얼마나 올바른 위치에 자리하고 있느냐에 달려 있다.

또한 거룩하신 하나님께서 나타나시는 곳은 어디든지 두 가지 면을 함께 찾아볼 수 있다. 바로 죄 가운데 거하는 죄인들을 벌하시는 죄에 관해 심판자로서 하나님의 거룩하심과 자기 백성을 그 죄로부터 자유롭게 하시는 자비하심이다. 심판과 자비는 영원히 함께한다. 자연의 속성 중에서 불만큼 숭고하고 강력한 에너지를 가진 것도 없다. 불은 그 태우는 것과 연합해서 그 고유한 성질로 변화를 일으키고 동화될 수 없는 연기와 재를 내던진다. 마찬가지로 하나님의 거룩하심 역시 그 피조물과 교제하고 그분과 연합하도록 이끌면서 그분께 굴복하지 않는 모든 것을 멸하고 물리치고 그것으로부터 멀리하신다.

그 때문에 하나님은 이 새로운 구속의 시기가 도래하는 시점에서 자신을 불 속에 거하는 자, 불이신 자로 나타내셨다. 앞서 말했듯이 아브라함과 족장들에게는 죄나 구속에 관한 가르침이 거의 없었고 하나님의 친밀함과 교제가 나타났다. 그러나 이제 율법이 주어질 것이고 죄가 드러나서 사람이 자기 자신을 알고 죄를 깨달아 하나님의 거룩하심을 입기를 갈망하고 배우게 하려고 하나님과 거리가 느껴지게 할 것이다.

우리는 하나님의 모든 자기 계시에서 거부하고 끌어당기는 두 가지 요소의 조화를 발견하게 된다. 하나님은 하나님의 집에서 이스라엘의 한가운데 거하실 것이며, 휘장에 가려진 채 가장 거룩하신 그분의 장엄하고 접근할 수 없는 고독과 캄캄함 가운데 계실 것이다. 하나님은 그들에게 가까이 다가오면서도 멀리하실 것이다. 하나님의 거룩하심을 묵상하면서 우리는 어떻게 그것이 불과 같이 물리치기도 하고 끌어당기기도 하는지, 어떻게 그분의 막대한 거리감과 막대한 가까움을 하나로 결합하는지 점점 더 분명히 깨닫게 될 것이다.

셋째, 그러나 무엇보다 그 거리감이 가장 먼저, 그리고 가장 현저히 나타나게 될 것이다. 우리는 모세를 통해 이를 깨닫는다. 그는 하나님을 뵙는 것이 너무나 두려워 얼굴을 가렸다. 하나님의 거룩하심을 마주하는 첫인상은 두려움과 경외심이다. 피조물과 죄인으로서 사람에게 하나님께서 자기보다 얼마나 높으신지, 자기가 하나님과 얼마나 다르고 차이가 나는지 깨닫기 전까지 하나님의 거룩하심은 진정한 가치나 매력이 없을 것이다. 그러나 얼굴을 가린 모세는 거룩하신 분께 가까이 다가가는 것이 어떤 결과를 낳는지와 하나님에 대해 더 깊은 계시를 깨닫는 길임을 보여준다.

이 의미가 하나님의 말씀을 통해 얼마나 더 분명하게 다가오는지 보라. "이리로 가까이 오지 말라. 네가 선 곳은 거룩한 땅이니 네 발에서 신을 벗으라." 그렇다. 하나님은 가까이 오셨지만 모세는 그렇게 할 수 없었다. 하나님께서 가까이 오시는데 사람은 뒤로 물러서야 한다. 하나님은 한자리에서 가까이 오라는 말씀과 가까이 오지 말라고 말씀하셨다. 우리가 먼저 "이리로 가까이 오지 말라"는 말씀을 듣지 않으면 하나님을 알 수도, 그분께 가까이 갈 수도 없을 것이다. 죄에 관한 의식, 하나님을 대면할 수 없는 추악함의 발견은 하나님을 거룩하신 분으로 진정으로 깨닫고 예배드리기 위한 토대이다.

"네 발에서 신을 벗으라." 신발은 세상과 접촉하는 수단이며 육체와 본성의 뜻에 따라 움직이고 일하게 하는 보조기구이다. 거룩한 땅에 설 때는 이 모든 것을 버려야 한다. 사람은 맨발로, 모든 허식을 벗은 채 거룩하신 하나님 앞에 무릎을 꿇어야 한다. 우리에게 거룩하신 하나님께 가까이 갈 수 있는 자격이 전혀 없으며, 그분과 교제할 수 있는 아무런 근거도 없다는 것은 하나님의 거룩하심에 참여하기 위한 첫 번째 가르침이다.

"벗으라"는 말씀은 "옛사람을 벗어버리고 주 예수 그리스도로 옷 입으라"는 위대한 말씀과 "그리스도의 할례로 육체의 몸을 벗으라"는 말씀의 의미를 충분히 이해할 때까지 우리의 존재 가운데 그 능력을 행사해야 한다. 그렇다. 거룩하신 하나님께서 우리에게 자신을 알리시기 위해 우리는 육체와 본성에 속한 모든 것, 일상에서 행하고 의도하고 일하는 모든 것을 벗고 자신에 내주어야 한다.

앞서 거룩함은 선함이나 죄로부터 자유로움 이상이라고 했다. 타락하지 않은 자연도 거룩하지는 않다. 거룩함은 하나님을 그 모든 피조물과 구분되게 하는 경이로운 영광이다. 그래서 스랍들조차 삼위일체 하나님을 거룩하다고 찬송할 때 그 날개로 얼굴을 가렸다. 그러나 그 차이와 거리가 피조물이 아닌 죄인들만의 것이라면 거룩하신 하나님의 목소리 앞에 무릎을 꿇어야 하는 자기의 굴욕감과 두려움과 수치스러움을 누가 깨닫고 표현할 수 있겠는가?

안타깝도다! 이것은 우리를 가로막는 죄의 가장 끔찍한 영향력 가운데 하나이다. 우리는 죄와 죄의 본성이 하나님께서 보시기에 얼마나 악하고 혐오스러운지 모른다. 우리는 하나님의 거룩하심을 깨달을 힘을 잃어버렸다. 이방의 철학에서는 그들이 믿는 신의 도덕적인 성품에 관한 표현에서 거룩함이라는 단어를 찾아볼 수 없다. 하나님 영광의 빛을 잃어버린 우리는 죄를 알 만한 능력을 잃어버렸다.

그러므로 우리를 가까이 이끌기 위한 하나님의 최초 사역은 우리로 죄를 깨닫게 함으로써 본연의 모습 그대로는 그분께 가까이 갈 수 없도록 하시는 것이었다. 가장 합법적이고 가장 필요하다고 생각되는 모든 것을 벗어버리고, 심지어 죽음까지 불사하는 매우 실제적이고 엄숙한 벗어버림이 있어야 한다. 우리가 신은 신발만이 이 죄악 가득한 세상과 접촉으로 더러워져 있는 것이 아니다. 마음의 눈과 인간의 모든 지혜와 이성의 상징인 우리의 얼굴도 가려져야 거룩하신 분을 볼 수 있다.

개인적인 거룩함을 배우는 첫 번째 수업은 하나님의 거룩하심 앞에서 두려워하고 우리의 얼굴을 가리는 것이다.

"지극히 존귀하며 영원히 거하시며 거룩하다 이름하는 이가 이와 같이 말씀하시되 내가 높고 거룩한 곳에 있으며 또한 통회하고 마음이 겸손한 자와 함께 있나니"(사 57:15).

통회하는 마음, 상한 심령, 경외심과 두려움은 하나님의 거룩하심을 보기 원하는 사람들에 대한 하나님의 첫 번째 요구이다.

모세는 하나님의 거룩하심을 전한 최초의 전도자가 되었다. 그리스도 안에서 우리에게 그 거룩하심을 온전히 전하기 위해 하나님께서 가장 먼저 모세에게 나타나신 것은 본보기와 보증이 되었다. 모세의 입으로부터 이스라엘 민족이, 후에는 그가 쓴 글로부터 그리스도의 교회가 "내가 거룩하니 너희도 거룩하라. 나는 거룩하게 하는 자이다"라는 메시지를 받게 되었다. 거룩하신 분의 사자가 되기 위한 그의 준비는 여기, 하나님을 보기가 두려워 얼굴을 가렸던 곳에서 시작되었다. 얼굴을 가리고 신발뿐 아니라 이 세상과 자기와 죄와 접촉한 모든 것을 벗어버림으로써 우리의 영혼은 하나님께서 거하시는 타오르지만 태우지 않는 불에 가까이 나아갈 수 있다.

거룩하신 하나님을 보기 원하는 모든 믿는 자들이 타오르는 떨기나무의 본보기가 어떻게 십자가에 못 박히신 그리스도로 성취되며, 우리가 그분과 함께 죽을 때 어떻게 불로 세례를 받게 되는지 깨닫게 되기를 원한다. 그 순간 우리 각자는 떨기나무에 거하시는 거룩하신 하나님을 깨닫게 될 것이다. 그때 비로소 우리는 하나님께서 거룩하시듯 내가 거룩해지는 것이 어떤 의미인지를 알 수 있게 된다.

C·H·A·P·T·E·R·04
소유하심의 목적은 그리스도를 닮게 하는 것

처음 태어난 자는 다 내 것임은 내가 애굽 땅에서 그 처음 태어난 자
를 다 죽이던 날에 이스라엘의 처음 태어난 자는 사람이나 짐승을
다 거룩하게 구별하였음이니 그들은 내 것이 될 것임이니라. 나는
여호와이니라. 민수기 3:13.

나는 너희의 하나님이 되려고 너희를 애굽 땅에서 인도하여 낸 여호
와라. 내가 거룩하니 너희도 거룩할지어다. 레위기 11:45.

내가 너를 구속하였고 내가 너를 지명하여 불렀나니 너는 내 것이
라. 이사야 43:1.

호렙산에서 타락한 인간에게 최초로 '거룩함' 이라는 단어가 언
급되었을 때 하나님의 새로운 역사인 구속의 역사가 도래하였다. 우
리는 유월절을 통해 구원이 무엇인지 처음으로 알게 되었고, 이때부

터 거룩함이라는 단어가 좀 더 빈번하게 사용되기 시작했다. 무교절은 옛사람을 벗어버리고 새로운 사람으로 옷 입는 것을 상징하는데, 이것으로 피를 통한 구원에 이르게 되었다. 그리고 우리는 다음과 같은 말씀을 읽게 된다.

"너희에게 첫날에도 성회요 일곱째 날에도 성회가 되리니"(출 12:16).

구원받은 사람들이 그 구속의 사건을 기념하는 모임은 거룩한 모임이었다. 그들은 구속자인 거룩하신 하나님의 보호 아래 모였다. 이스라엘 민족이 애굽에서 해방되자마자 그들을 향한 하나님의 첫 번째 말씀은 "처음 난 모든 것은 다 거룩히 구별하여 내게 돌리라"는 것이었다. 이 말씀은 소유권이 어떻게 구원과 성화의 중심 개념 가운데 하나가 되는지 알게 해준다. 그 관계를 서로 결부시킨다.

또한 이 말씀은 당시에는 오직 장자들에게만 해당되었지만 장자는 곧 모든 백성을 상징하는 것으로 간주된다. 다시 말해 먼저 장자들이 거룩하여졌고, 그 후에는 모든 사람이 열방 가운데 하나님의 장자이자 그분의 특별한 보물인 거룩한 백성이 되기 위한 예표로서 제사장들이 그 자리를 대신했다. 구원과 성화에 관련된 이 소유권의 개념은 하나님께서 장자와 제사장들의 자리바꿈을 말씀하셨을 때 더욱 분명하게 드러난다.

"보라. 내가 이스라엘 자손 중에서 레위인을 택하여 이스라엘 자손 중에 태를 열어 태어난 모든 자를 대신하게 하였은즉 레위인은 내 것이라. 처음 태어난 자는 다 내 것임은 내가 애굽 땅에서 그 처음 태어난 자를 다 죽이던 날에 이스라엘의 처음 태어난 자는 사람이나 짐승을 다 거룩하게 구별하였음이니 그들은 내 것이 될 것임이니라. 나는 여호와이니라"(민 3:12-13).

우리는 구원과 거룩함 사이에 존재하는 관계를 이해해야 한다. 우리는 에덴동산에서 하나님께서 일곱째 날을 거룩하게 하신 것은 그것을 소유하고 축복하시며 그 안에서 안식하시며 새롭게 하시기 위해서임을 안다. 하나님께서 거하고 안식하시는 곳에는 거룩함이 있다. 하나님께서 들어가 거하시기에 합당하면 할수록 거룩함은 더 완전해진다. 일곱째 날은 사람의 성화를 위한 시간이 되기 위해 거룩하여졌다. 하나님은 사람을 거룩하게 하기 위한 첫 번째 단계로 선악을 알게 하는 나무의 실과를 먹지 말라고 명령하셨으나 사람은 이 단계에서 넘어지고 말았다.

그러나 하나님은 그분의 계획을 포기하지 않으셨다. 다만 이제 또 다른 좀 더 느린 단계를 밟으셔야 했다. 비록 느리지만 꼭 필요한 오랜 준비 시간을 거쳐 이제 하나님은 자신을 구원자로서 나타내셨다. 그분이 선택하고 조성하신 백성이 구원자를 갈망하고 받아들이게 하도록 압제와 노역을 허락하셨다.

하나님은 엄청난 이적을 여러 번 보이신 후에 자신이 원수의 정복자임을 입증하셨다. 또한 백성들이 문설주에 바른 유월절 어린양의 피로써 구원은 이 땅 위의 불공평한 압제자로부터, 그들의 죄 탓에 마땅히 치러야 하는 의로운 심판으로부터 해방되는 것임을 가르치셨다. 유월절은 그들을 가시적이고 일시적인 것으로부터 불가시적이고 영적인 것으로 이동시키기 위한 것이었으며, 하나님을 속박의 땅에서 파멸시키는 천사로부터 풀어주시는 전능하실 뿐 아니라 거룩하신 분으로 나타내기 위한 것이었다.

하나님은 이처럼 백성들을 구원하신 후에 그들이 자신의 소유라고 말씀하셨다. 그 결과 백성들이 시내산이나 광야에서 지낼 때 자신들이 이제 하나님의 백성으로서 하나님께서 자신이 거룩하심같이 그들도 거룩하게 하려고 그분 팔의 강한 힘으로 구원하셨다는 생각이 지속해서 떠나지 않았다. 구속하심의 목적은 소유이며, 소유하심의 목적은 구원자이자 주인이신 그분의 형상을 닮게 하는 것이다. 그 형상은 거룩함이다. 이 거룩한 구속의 결과, 거룩함을 얻는 방법으로 장자의 구별은 우리에게 다음과 같은 것을 가르쳐준다.

말씀을 통해 얻는 첫 번째 교훈은 구원과 거룩함이 상당히 불가분의 관계라는 것이다. 그 두 가지는 다른 한 가지 없이 존재할 수 없다. 구원만이 거룩함으로 이끈다. 거룩함을 구한다면 먼저 내가 구원받아 하나님께서 소유하고 내주하신다는 사실을 분명하고도 확실히 인지하고 있어야 한다. 구원을 무엇인가로부터 해방되었다는 부정적인 측면으로 보는 경향이 많다. 그러나 구원의 실제적인 영광은 자기 자신을 도로 찾는다는 긍정적인 요소에 있다. 어떤 집을 완전히 소유하려면 그곳을 점거해야 한다. 내가 집을 소유했지만 아무도 거주하고 있지 않다면 모든 더러움과 악의 본거지가 될 것이다.

하나님은 나를 구속하시고 완전히 소유하시기 위해 나를 처소로 삼으셨다. 그분은 나의 영혼에 "너는 내 것이라"고 말씀하시고, 그분의 소유권이 인정되며 온전히 그것을 나타내기 원하신다. 하나님께서 들어가서서 온전하게, 그리고 전부를 소유하시는 장소에는 완전한 거룩함이 있다. 하나님께서 나에 대한 권한을 가지시는 것은 구원하셨기 때문이다.

구원은 하나님께서 나를 소유하고 축복하시기 위해 내게 자유를 준다. 하나님의 능력이 나의 안에서 역사할 것이라는 모든 확신과 경험을 가져오는 순간은 나의 영혼이 구원으로 가득 채워지고 깨달아질 때이다. 하나님 안에서 구원과 성화는 하나이다. 하나님의 동행하심에 관한 확신으로 구원의 개념이 나를 장악하면 할수록 나는 거룩하신 구원자 하나님께 더 가깝게 연결된다.

거룩함만이 구원에 대한 확신과 기쁨을 가져온다. 내가 구원을 더 열등한 것으로 이해하려고 한다면 아마 기만당하게 될 것이다. 만약 방심하거나 부주의하면 구원의 목적으로서 거룩함을 구원과 별개로 생각하게 되므로 근심하게 될 것이다. 하나님은 이스라엘에 다음과 같이 말씀하셨다. "나는 너희의 하나님이 되려고 너희를 애굽 땅에서 인도하여 낸 여호와라. 내가 거룩하니 너희도 거룩할지어다." 우리를 자기 백성으로 삼으신 자는 구원자 하나님이시다. 그분은 우리에게 거룩하라고 명령하신다. 그러므로 우리는 거룩함을 우리의 가장 본질적인 것으로 구원의 가장 중요한 요소로 삼아야 한다. 나를 그분의 것으로 취하신 하나님께 온전히 드리고 완전히 그분의 소유로 삼으시도록 나 자신을 맡겨야 한다.

말씀을 통해 얻는 두 번째 교훈은 성화의 과정에서 하나님과 인간의 역할이다. 하나님은 모세에게 말씀하셨다. "처음 난 모든 것은 다 거룩히 구별하여 내게 돌리라." 그 후에 또 말씀하셨다. "내가 모든 장자를 나 자신을 위해 구별하였다." 하나님께서 행하신 일들은 우리를 통해 행해지고 적용되게 하기 위한 것이다. 하나님께서 우리를 그리스도 안에서 거룩하여진 그분의 거룩한 소유라고 하신 것은 그분의 목적하신 바를 말씀하신 것일 뿐 아니라 실제로 이루신 일들이 무엇인지를 말씀하신 것이다.

우리는 그리스도께서 단번에 자신을 드림으로써 거룩해졌으며 그 안에서 새로운 존재로 창조되었다. 그러나 이 일은 인간의 역할을 요구한다. 우리는 "거룩하라. 그분의 거룩하심을 좇아라. 거룩함을 완성하라"는 부르심을 받았다. 하나님은 우리를 그분의 소유로 만드시고 우리로 그분의 것임을 고백하게 하셨지만, 지금은 우리가 그분의 모든 거룩함으로 채워지기 위해 내면의 은밀한 장소를 하나님께 내드릴 수 있도록 기다리신다.

거룩함은 우리가 하나님께 드리거나 그분을 위해 할 수 있는 일이 아니다. 거룩함은 우리 안에 하나님께서 거하시는 것이다. 하나님은 구원을 통해 우리를 소유하셨고 성화를 통해 그분이 우리의 것이 되게 하셨다. 거룩해지는 일에서 우리의 역할은 단지 전 생애를 드리는 것뿐이다. 삶의 모든 부분에서 거룩하신 하나님의 방법에 복종하고 모든 지체와 모든 힘을 그분의 제단 위에 올려놓는 것뿐이다.

이것은 우리에게 성화의 과정에서 순간적인 것과 점진적인 것, 한 번에 완전히 되는 것과 아직 불완전해 완전해질 필요가 있는 것 사이의 관계에 관한 질문에 해답을 준다. 하나님께서 정결하게 하시는 것은 하나님의 선물이며 그 존재는 하나님의 완전한 거룩하심으로써 거룩하게 된다. 사람은 하나님께서 거룩하게 만드신 것에 관해 그 거룩함을 인정하고 유지하며 실행함으로써 거룩해져야 한다.

하나님은 안식일을 거룩하게 하셨다. 사람도 그날을 거룩하게 해야 한다. 그 방법은 안식일을 거룩하게 지키는 것이다. 하나님은 장자를 그분의 소유로써 거룩하게 구별하셨다. 이스라엘은 그들을 구별해야 했으며 장자들을 거룩하게 대하고 하나님께 드려야 했다. 하나님은 거룩하시다. 우리는 그 거룩함을 인정하고 연모하며 경배함으로 그분을 거룩하게 해야 한다. 하나님은 그분의 위대한 이름,

거룩함이라는 이름을 거룩하게 하셨다. 우리는 하나님의 거룩하심을 나타내고 경외함과 믿음으로 그 이름을 부름으로써 거룩하게, 혹은 신성하게 해야 한다.

하나님은 그리스도를 거룩하게 하셨다. 그리스도는 하나님께서 거룩하게 하셨던 그 거룩함을 그분의 뜻과 행동으로 나타냄으로써 자신을 거룩하게 하셨다. 하나님은 우리를 그리스도 예수 안에서 거룩하게 하셨다. 우리는 그 거룩함의 능력에 자기를 굴복시킴으로써 거룩해질 수 있다. 그 방법은 거룩한 행동을 하며 그 거룩함을 우리의 모든 삶과 걸음으로 나타내는 것이다. 모든 사람을 위해 한 번에 완전하게 수여된 객관적인 하나님의 선물은 주관적인 개인의 소유로 적용되어야 한다. 우리는 자기를 정결하게 함으로써 거룩함을 완성해야 한다. 거룩함을 위한 구원, 이 두 가지가 하나님의 생각과 사역에 이어졌던 것처럼 우리의 마음과 삶에도 이어져야 한다.

이사야가 두 번째로 진정한 구원을 선포했을 때 그것은 모세보다 더욱 분명하고 완전하게 하나님의 이름을 "우리의 구원자는 이스라엘의 거룩한 이시니라"고 나타내기 위한 것이었다. 우리가 그 이름을 묵상하면 할수록 더욱 신성하게 여기게 되며, 그 이름으로 하나님을 경배하게 되고, 구원자와 거룩한 자라는 두 호칭이 분리될 수 없음을 더욱 알게 된다. 또한 우리의 구속자가 거룩하시듯 구속받은 우리도 거룩해야 한다는 사실을 깨닫게 된다.

이사야는 거룩한 길에 대해 "오직 구속함을 입은 자들을 위하여 있게 될 것이라"(사 35:8)고 말했다. 하나님의 거룩함으로 구속받은 사람들은 그 길로 인도되어야 한다. 우리가 그리스도 안에서 구원받는 것은 그리스도 안에서 거룩해지는 것이다. 그때 우리를 구원하신 하나님의 부르심에 관해 "내가 거룩하니 너희도 거룩하라"는 새로운 의미를 얻게 될 것이다.

P·a·r·t·02

:
:
:

선택받은 자로
하나님의 뜻을 행하라

너희가 나를 택한 것이 아니요, 내가 너희를 택하여 세웠나니

이는 너희로 가서 열매를 맺게 하고 또 너희 열매가 항상 있게 하여

내 이름으로 아버지께 무엇을 구하든지 다 받게 하려 함이라.

요한복음15:16

C·H·A·P·T·E·R·01
우리는 세상이 아닌 하늘에 속한 자

그들은 세상에 있사옵고…. 세상이 그들을 미워하였사오니 이는 내
가 세상에 속하지 아니함 같이 그들도 세상에 속하지 아니함으로 인
함이니이다. …내가 세상에 속하지 아니함 같이 그들도 세상에 속하
지 아니하였사옵나이다. 요한복음 17:11,14,16.
이로써 사랑이 우리에게 온전히 이루어진 것은…. 주께서 그러하심
과 같이 우리도 이 세상에서 그러하니라. 요한일서 4:17.

예수님이 세상에 속하지 않았다면 어째서 그분은 세상에 계셨을
까? 예수님과 세상이 서로 무관하다면 어째서 그분은 세상에 사셨
고, 자신이 속한 높고 거룩하고 복된 곳에 거하지 않으신 것일까?
하나님께서 예수님을 세상에 보내셨다는 것이 그 해답이다. "세상
에"와 "세상에 속하지 아니함 같이"라는 두 가지 표현을 통해서 우

리는 구세주로서의 예수님의 사역과 하나님이시며 사람으로서의 예수님의 영광에 포함된 비밀을 모두 알게 된다.

세상에서 인성을 소유하신 것은 세상의 신이 아닌 하나님 자신에게 이 본성이 속해 있고, 이 본성이 신적인 생명을 받아들이기에 적합하며, 이 신적인 생명을 통해 더할 나위 없는 영광에 도달한다는 점을 하나님이 보여주고 싶어 하셨기 때문이다. 세상에서 사람들과 교제하신 일은 그들과 사랑스러운 관계를 시작하고, 그들에게 모습을 드러내서 알려지며, 그렇게 해서 그들을 하나님께 돌이키려고 하셨기 때문이다.

세상에서 세상을 다스리는 권세들과 싸우신 일은 순종을 익혀서 인간의 본성을 온전하고 거룩하게 하시기 위함이었다. 세상이 아니라 하늘나라에 속하신 일은 하나님 안에 있는 생명을 드러내고 가까이 가져가서 인간들이 잃어버린 것을 눈으로 보고 갈망하게 하시기 위함이었다. 세상에 속하지 않으신 일은 하나님으로부터의 일탈과 죄를 멀리하고, 그것으로는 하나님을 알거나 기쁨을 드릴 수 없다는 사실을 설명하시기 위함이었다.

세상에 속하지 않으신 일은 전적으로 하늘에 기원과 성격을 두고, 세상이 바람직하거나 필수적인 것으로 간주하는 모든 것과 전적으로 무관하게, 그리고 세상을 다스리는 일과 상반된 원칙과 법을 갖춘 나라를 세우시기 위함이었다. 세상에 속하지 않으신 일은 자신에게 속한 모든 이를 구속하셔서 하나님이 계시하신 새로운 하늘나라로 인도하시기 위함이었다.

　세상에 있으면서도 세상에 속하지 않으셨다는 이 두 가지 표현 때문에 우리는 구세주의 인격과 사역에 얽힌 위대한 신비를 알게 된다. "세상에 속하지 아니함 같이"는 예수님이 신적인 거룩함의 능력으로 세상을 판단하고 이기신다는 뜻이다. 그러면서도 세상에 계시고 인성과 사랑으로 구원받을 수 있는 모든 사람을 찾아서 구원하신다는 뜻도 함께 갖고 있다. 세상과의 가장 완벽한 분리와 세상에 있는 이들과 더할 나위 없이 가까운 친교라는 두 가지 극단적인 측면이 예수님 안에서 하나가 되었다. 예수님은 자신의 인격 안에서 그것들을 화해시키셨다. 그러니 우리도 삶 속에서 이런 두 가지 성격이 아무리 다르더라도 완벽하게 조화를 이룰 수 있다는 사실을 입증하는 삶을 살아야 한다. 그리스도인이라면 누구나 지상의 삶을 통해 하늘나라의 삶을 빛내야 한다.

　이 두 가지 진리 가운데 어느 하나만을 취해서 강조하는 것은 그리 어려운 일이 아니다. 그래서 "세상에 속하지 아니함 같이"를 삶의 기준으로 삼았던 이들이 있었다. 옛날에는 수도원이나 사막에서 묵상하고, 세상의 모든 것을 엄격하게 재단해서 경건에 대한 열망을 입증하려는 이들을 진정한 그리스도인으로 간주했다. 그들은 죄와의 단절은 물론이고, 죄인과는 상종하지 않았으며 다정하고 거룩한 사랑도 나누지 않았다. 하지만 이것은 일방적이고 결함투성이 신앙이었다.

반면에 "이 세상에서"를 강조하고, 바울의 "만일 그리하려면 너희가 세상 밖으로 나가야 할 것이라"(고전 5:10)는 발언에 특별히 호소하는 이들도 있었다. 그들은 기독교가 즐길 수 있는 것을 모두 즐기지 못하게 하거나 멀리하게 하는 것이 아니라는 사실을 입증함으로써 세상을 하나님께로 이끌 수 있다고 생각했다. 그런 사람들이 실제로 세상을 신앙적으로 만드는 일이 가능할 때도 가끔은 있었지만 치러야 할 대가가 너무 컸다. 그 과정에서 기독교가 지나치게 세속화되었기 때문이다.

그러나 예수님의 진정한 제자라면 이 두 가지를 결합시켜야 한다. 자신이 세상에 속하지 않았고 거룩한 삶이 더 큰 축복이 된다는 사실을 입증하지 못한다면, 어떻게 세상을 상대로 죄를 납득시키고 더 고상한 삶을 입증하며 세상이 누리지 못하는 것을 바라도록 가르칠 수 있겠는가? 간절함과 거룩함, 그리고 세상 영과의 단절이 우리의 특징이 되어야 한다. 우리가 소유한 거룩한 영을 통해 세상이 아니라 하늘나라에 속해 있다는 사실을 보여주어야 한다.

동시에 우리는 "이 세상에서" 살아야 한다. 우리가 세상에 속한 이들 가운데 이렇게 분명하게 자리 잡은 것은 사람들의 마음을 돌이켜서 영향력을 발휘하고 우리 안에 있는 성령을 전하기 위함이다. 우리는 자신의 사명을 어떻게 완수할 것인지를 삶의 우선으로 삼아야 한다. 세상의 지혜를 가르치듯이 기독교의 엄숙한 실체를 양보하고 타협하며 부드럽게 하는 것으로는 성공할 수 없다. 오히려 세상에 있으면서도 속하지 않는 방법을 홀로 가르치실 수 있는 예수님의 발자취를 따를 때 성공할 수 있다. 섬기고 고난 당하는 사랑의 삶을 통해 자신의 존재 목적이 오직 하나님의 영광이라는 사실을 분명하게 고백하고, 성령 충만해서 사람들에게 거룩한 삶의 온기와 사랑을 직접 접하게 함으로써 세상에 축복을 가져다줄 수 있다.

과연 누가 일상생활에서 세상에 있는 것과 세상에 속하지 않은 방법을 지닌 거룩한 비밀을 가르쳐줄 수 있을까? 가능한 분이 있다. "내가 세상에 속하지 아니함 같이 그들도 세상에 속하지 아니하였사옵나이다"라고 말씀하신 분이다. 여기서 '같이'라는 표현은 우리가 아는 것보다 더 심오하고 강력한 의미를 포함한다. 성령님이 그 말씀을 우리에게 일러주시면 예수님의 말씀처럼 세상에 있다는 것의 의미를 알게 된다. '같이'라는 말은 삶의 연합에 뿌리를 두고서 그것을 강조한다. 우리는 여기서 신적인 비밀, 즉 세상에 속하지 않을수록 세상에 있는 것이 더 적합해진다는 사실을 깨닫게 된다. 교회가 세상의 정신과 원리로부터 자유로울수록 세상에 더 큰 영향력을 끼칠 수 있다는 사실을 알게 된다.

이 세상 사람들의 삶은 자신을 즐겁게 하고 높이는 데 있다. 그러나 하늘에 속한 우리의 삶은 자기를 부인하는 거룩한 사랑이다. 많은 그리스도인이 자신을 세상과 분리하려고 하면서도 그렇게 하지 못하는 이유는 세상의 즐거움에 지나치게 함몰되어 있기 때문이다. 그들은 무엇보다도 자신의 행복과 완전을 추구한다. 그러나 예수님은 세상에 속하지 않으셨고 세상의 정신과 무관하셨다. 예수님이 죄인들을 사랑하고 돌이키게 하며 구원하실 수 있었던 것도 바로 세상에 속하지 않으셨기 때문이다.

믿는 이는 예수님처럼 세상과 무관해야 한다. 주님은 말씀하셨다. "내가 세상에 속하지 아니함 같이 그들도 세상에 속하지 아니함으로 인함이니이다." 우리는 하늘로부터 났고 우리 안에 하늘나라의 생명과 사랑을 소유한 새로운 본성을 지니고 있다. 초자연적이고 거룩한 생명이 우리에게 세상에 속하지 않으면서도 세상에 있을 수 있는 능력을 허락한다. 예수님을 닮은 완전한 내적 생명을 믿는 제자는 그것의 실체를 경험하게 된다. 그리고 자신 있는 태도로 이렇게 고백한다.

"예수님처럼 내가 예수님 안에 있기에 나는 세상에 속하지 않았습니다!"

우리는 예수님과 막역한 연합을 유지해야 비로소 세상과 분리될 수 있다. 예수님이 우리 안에 거하시는 한 우리는 거룩한 삶을 이어갈 수 있다. 우리가 부름에 응답할 수 있는 유일한 방법은 이 세상에 대해 십자가에 못 박혀서 세상의 권세로부터 자신을 물러나게 하는 것이다. 그리고 예수님 안에 거하면서 세상으로 들어가 축복하는 것이다. 즉 하늘나라에 살면서 이 땅에서 행하는 것이다.

우리는 여기서 진정으로 예수 그리스도를 본받는 삶을 확인하게 된다. "그러므로 너희는 그들 중에서 나와서 따로 있고…. 전능하신 주의 말씀이니라 하셨느니라"(고후 6:17-18). 계속해서 은혜의 언약이 제시된다. "내가 그들 가운데 거하며 두루 행하여"(고후 6:16). 그러면 하나님께서 예수님을 보내신 것처럼 자신을 영광스럽게 하고 사랑을 알리려고 직접 정하신 장소인 세상에 우리를 보내신다. 진정으로 세상과 무관한 거룩한 영혼은 하늘나라를 향해서 세상을 떠나는 것이 아니라 여기 지상에서 하늘나라의 삶을 기꺼이 사는 것이다.

아버지께서 나를 세상에 보내신 것같이 나도 그들을 세상에 보내었고. 요한복음 17:18.

　　예수님은 하나님으로부터 받은 사명을 깊이 인식하면서 이곳 지상에서 사셨다. 늘 "아버지께서 나를 세상에 보내신 것같이"라는 표현을 사용하셨다. 예수님은 자신의 사명이 무엇인지 잘 알고 계셨다. 그 사명의 완수라는 한 가지 목적 때문에 하나님의 선택을 받아서 세상에 왔다는 점을 알고 계셨다. 그것을 위해서 필요한 모든 것을 하나님이 허락하신다는 사실 또한 알고 계셨다. 그래서 자신을 보내신 아버지에 대한 믿음이 동기와 능력으로 작용해서 어떤 행동이든지 하실 수 있었다.

　　한 나라를 대표해서 다른 나라에 파견된 사람을 대사(大使)라고 한다. 대사라면 분명히 자신의 사명을 파악하고 있을 것이다. 그는 자신의 나라를 대표해서 자신의 임무를 달성하는 것 말고는 다른 일에 크게 관심을 두지 않으며, 오직 한 가지 일, 자신이 대사로 파송된 사명에만 집중할 것이다. 이와 마찬가지로 그리스도인도 자신에게 주어진 사명의 성격과 수행 절차를 파악하는 일이 중요하다.

우리의 거룩한 사명은 예수님을 닮는 것을 구성하는 무엇보다 영광스러운 부분들 가운데 하나이다. 예수님은 자신의 생애 가운데 가장 엄숙한 순간에 그것을 확실하게 말씀하셨다. "아버지께서 나를 보내신 것같이." 그리고 제자들을 보내셨다. 예수님은 대제사장 같은 기도로 하나님께 기도하시면서 그것을 근거로 제자들을 보호하고 거룩하게 해달라고 간구하셨다. 부활 이후에 제자들에게 동일하게 말씀하시면서 그것을 근거로 성령을 받으라고 말씀하셨다. 우리의 사명과 예수님의 사명이 얼마나 완벽하게 일치하는지 깨닫는 것보다 우리의 사명을 파악하고 수행하는 데 도움이 되는 일은 없다. 우리의 사명은 목적에 있어서 예수님의 사명과 비슷하다.

그렇다면 하나님은 왜 예수님을 세상에 보내셨을까? 그것은 죄인의 구원에 대한 자신의 의지와 사랑을 알리기 위함이었다. 예수님은 말과 교훈만이 아니라 인격과 성격과 행동으로 하나님의 거룩한 사랑을 입증하셔야 했다. 눈에 보이지 않는 하늘 아버지를 대신해서 지상의 사람들에게 아버지가 어떤 분인지 일러주셔야 했다.

예수 그리스도는 사명을 완수하고 나서 하늘로 올라가 세상이 눈으로는 볼 수 없는 하나님 아버지처럼 되셨다. 그리고 사명을 수행하는 법을 소개하고 나서 제자들에게 사명을 주셨다. 그러므로 제자들은 눈에 보이지 않는 예수님을 대신해서 자신을 지켜보는 사람들에게 예수님의 모습을 판단할 수 있도록 가르쳐야 한다.

그러므로 우리는 예외 없이 예수님의 형상이 되어야 한다. 예수님이 죄인들을 대하는 동일한 사랑과 그들을 구원하려는 열정을 인격과 행동으로 보여주어야 한다. 그것을 통해 세상 사람들이 예수님이 누구신지 알 수 있게 해야 한다. 우리는 진정으로 이런 거룩한 생각을 할 수 있는 시간을 가져야 한다. 우리의 사명은 목적에 있어서 예수님과 같다. 즉 하늘나라의 거룩한 사랑을 지상의 형식으로 보여주는 것이다.

사명의 기원 역시 예수님과 비슷하다. 이 일 때문에 예수님을 선택하셔서 존귀와 신뢰를 받을 만하게 하신 것은 하나님의 사랑이었다. 우리 역시 이 일을 위해 선택받았다. 구속받은 사람은 누구나 자신이 주님을 찾은 것이 아니라 주님이 찾고 선택하셨다는 사실을 알고 있다. 예수님은 이 거룩한 사명을 염두에 두고, 찾고 선택하셨다.

"너희가 나를 택한 것이 아니요. 내가 너희를 택하여 세웠나니 이는 너희로 가서 열매를 맺게 하고 또 너희 열매가 항상 있게 하여 내 이름으로 아버지께 무엇을 구하든지 다 받게 하려 함이라"(요 15:16).

우리 그리스도인은 누구든지, 어디에 거주하든지 간에 그 됨됨이와 환경을 알고 있는 예수님의 필요에 따라 우리의 활동 영역에서 자신을 대신하도록 선택받은 것이다. 이것을 마음에 새겨야 한다. 예수님이 우리를 염두에 두고 구원하신 것은 주변 사람들에게 눈에 보이지 않는 그분의 영광스러운 모습을 전달하고 보여주기 위함이다. 그러므로 우리의 사명은 진정으로 예수님을 닮는 것이다.

사명을 감당하는 일 역시 예수님의 그것과 비슷하다. 대사는 누구나 대사직에 필요한 모든 것이 공급되리라 생각한다.

"나를 보내신 이가 나와 함께 하시도다. 나는 항상 그가 기뻐하시는 일을 행하므로 나를 혼자 두지 아니하셨느니라"(요 8:29).

이 말씀은 아버지께서 아들을 보낼 때 늘 함께하시던 자신이 어떻게 위로와 능력을 주셨는지 소개하고 있다. 사명을 맡은 교회도 마찬가지다. "너희는 가서 모든 민족을 가르쳐 지키게 하라"는 말씀에는 "내가 세상 끝날까지 너희와 항상 함께 있으리라"는 약속이 뒤따른다(마 28:19-20).

우리는 감당할 수 없다고 해서 뒤로 물러나서는 안 된다. 우리 주님은 처리할 수 있는 능력을 주지 않고는 어떤 일도 시키는 법이 없으시다. 믿는 이는 누구나 그것을 의지할 수 있다. 자신이 맡긴 일을 모두 감당할 수 있도록 아버지께서 아들에게 성령을 주신 것처럼 예수님은 자신이 선택한 사람들에게 필요한 모든 것을 허락하신다. 이것은 늘 예수님을 드러내고, 예수님이 보이신 모범의 사랑스러운 빛을 비추고, 또 예수님처럼 주위의 사람들에게 사랑과 생명과 축복의 근원이 되는 거룩한 소명을 따르는 모든 이에게 주어진다. 보내는 이가 보냄을 받은 이들에게 필요한 모든 것을 제공한다는 측면에서 볼 때 우리의 사명이나 예수님의 사명은 비슷하다.

우리의 사명은 그것을 수행하려면 헌신이 필요하다는 점에서 예수님의 사명을 닮았다. 예수님은 사역을 감당하려고 자신을 남김없이 바치셨다. 그것만을 위해서 사셨다.

"때가 아직 낮이매 나를 보내신 이의 일을 우리가 하여야 하리라. 밤이 오리니 그때는 아무도 일할 수 없느니라"(요 9:4).

예수님이 지상에 있는 단 하나의 이유는 아버지께서 맡겨주신 사명 때문이었다. 인류에게 하나님, 곧 하늘 아버지가 얼마나 영광스럽고 복된 분인지 소개하려는 목적 하나를 위해서 사셨다.

우리도 예수님과 마찬가지다. 예수님의 사명은 우리가 지상에 존재하는 단 하나의 이유이다. 그것이 아니라면 우리를 데려가실 것이다. 우리 가운데 어떤 사람들은 이것을 받아들이지 않는다. 그들에게 있어 예수님의 사명을 성취하는 일은 기껏해야 이런저런 일들을 처리하는 것과 다르지 않아서 시간과 능력을 확보하는 데 어려움을 겪는다. 하지만 예수님의 사명을 완수하는 일은 우리가 지상에 존재하는 유일한 이유이다. 그렇기에 우리가 먼저 이 사실을 믿고 예수님처럼 그 사명을 위해서 자신을 남김없이 헌신한다면 우리는 진정으로 주님을 기쁘시게 하는 삶을 살게 될 것이다.

이 거룩한 사명은 너무나 크고 영광스러워서 전적으로 헌신하지 않으면 결코 달성할 수 없다. 이런 전적인 헌신이 없다면 그 사명을 감당하게 하는 능력이 우리를 사로잡지 못한다. 그런 전적인 헌신이 없다면 예수님의 놀라운 도움과 그분의 복된 언약의 성취를 기대할 수 있는 여유를 누리지 못한다. 예수님처럼 우리의 거룩한 사명은 전적인 헌신을 요구한다. 당신은 그것을 감당할 수 있는 준비가 되어 있는가? 그렇다면 다음과 같은 거룩한 영광의 주님 말씀을 경험할 수 있는 열쇠를 실제로 소유하고 있는 것이다. "아버지께서 나를 보내신 것같이 나도 너희를 보내노라." 이 거룩한 사명은 우리 자신을 완전히 바치는 삶을 살 수 있을 만큼의 가치를 지닌 유일한 길이다.

하나님이 미리 아신 자들을 또한 그 아들의 형상을 본받게 하기 위
하여 미리 정하셨으니 이는 그로 많은 형제 중에서 맏아들이 되게
하려 하심이니라. 로마서 8:29.

성경은 개인의 선택을 말한다. 그것은 특별한 순간에 집중된 것
이 아니다. 시간상으로 볼 때 역사 전체가 영원한 조언에 따라서 진
행되고 있다는 뜻이다. 우리는 하나님 나라의 미래가 하나님께서 예
정해 놓으신 자리를 특정한 사람들이 채워가면서 어떻게 완성되어
가는지 계속해서 확인하게 된다. 하나님의 목적을 수행하는 것에 대
한 유일한 보장책은 개인의 예정이다. 성도 개인뿐 아니라 세계와 하
나님 나라의 역사는 예정을 통해서만 확실한 토대를 확보할 수 있다.

이것을 알지 못하는 그리스도인들도 있다. 그들은 인간의 책임

이 훼손될까 두려워서 하나님의 예정 교리를 부정한다. 인간의 의지와 행동의 자유를 박탈하는 것처럼 보이기 때문이다. 성경은 이런 두려움에 동의하지 않는다. 성경의 어느 대목은 선택이 없는 것처럼 인간의 자유를 거론한다. 또 다른 대목에서는 자유의지가 없는 것처럼 선택을 소개하기도 한다. 그렇게 본다면 성경은 우리가 이 진리들을 단단히 함께 붙들어야 한다고 소개하는 것이다. 우리가 그것들을 이해하거나 조화시키지 못해도 말이다. 영원한 빛에 비추어보면 이 비밀의 해답이 드러난다. 믿음으로 두 가지의 진리를 붙잡는 사람은 둘 사이의 갈등이 얼마나 미미한지 바로 경험하게 된다. 하나님의 영원한 목적에 대한 믿음이 강해질수록 실천할 수 있는 용기가 더 강해진다. 반면에 그런 사람이 실천하고 축복을 누리는 만큼 그 모두가 하나님 덕분이라는 것이 더욱 분명해진다.

이런 이유로 우리는 자신이 선택받은 사실을 확신하는 믿음이 중요하다. 성경은 우리가 이것을 실천하면 "언제든지 실족하지 아니하리라"(벧후 1:10)는 확신을 하게 한다. 내가 하나님의 선택을 받았다는 것을 믿고, 이 선택이 나의 부르심에 대한 근거가 된다는 사실을 아는 만큼 하나님이 직접 내 안에서 자기 일을 온전하게 하신다는 확신이 더 강해진다. 그러므로 하나님께서 진정으로 내게 기대하시는 것은 모두 가능하다. 성경이 부과하는 온갖 의무와 성취를 간절히 소원하는 모든 약속 덕분에 내가 기대하는 확고한 발판과 지침이 될 진정한 척도를 하나님의 목적으로부터 발견하게 된다. 지상에서의 삶은 하나님께서 나를 위해 준비하신 하늘나라에서의 삶의 복사본이라는 것을 깨닫게 된다.

우리는 부름과 선택을 확신해야 한다. 선택을 받았고 무엇 때문에 부름을 받은 것인지 분명히 파악해야 한다. "너희가 이것을 행한즉 언제든지 실족하지 아니하리라"(벧후 1:10). 불변하는 하나님의 목적에 근거한 그분과의 친밀한 교제는 우리를 강건하게 해서 실족하지 않게 한다.

우리를 위한 하나님의 목적에 관한 축복된 표현 가운데 하나는 이 말씀이다.

"하나님이 미리 아신 자들을 또한 그 아들의 형상을 본받게 하기 위하여 미리 정하셨으니"(롬 8:29).

하나님께서 선택하신 분은 인간으로서의 예수 그리스도이시다. 선택받은 목적의 처음과 마지막이 그분 안에 있다.

"우리가 예정을 입어 그 안에서 기업이 되었으니"(엡 1:11).

우리가 선택받은 이유는 하나님과 하나 되며 하나님의 영광을 위해서다. 그저 선택을 통한 자신의 확실한 구원을 추구하거나 두려움과 의심의 완화를 추구하는 사람은 선택의 진정한 면모를 제대로 깨닫지 못한다.

선택의 목적은 예수님 안에서 우리를 위해 마련된 모든 풍성함을 포함하고 삶 속에서 순간마다 필요로 하는 모든 것을 제공한다.

"곧 창세 전에 그리스도 안에서 우리를 택하사 우리로 사랑 안에서 그 앞에 거룩하고 흠이 없게 하시려고"(엡 1:4).

우리는 '선택'과 '성결'의 관계를 제대로 깨달을 때만 교회 안에서 선택의 교리가 가져오는 진정한 축복을 이해하게 된다. 선택의 교리는 우리에게 자신의 내부에서 모든 일을 행하시는 분은 하나님이시고, 더할 나위 없이 작은 일도 하나님이 자기 백성들에게 기대하시는 모든 일이 성취되도록 작동하는 하나님의 변함없는 목적을 의지해야 한다는 사실을 가르쳐준다. 이것에 비추어 볼 때 "그 아들의 형상을 본받게 하기 위하여 미리 정하셨으니"라는 말씀은 예수님의 모습을 자신이 되고자 하는 모습의 규범으로 받아들이기 시작한 사람이라면 누구에게나 새로운 능력을 허락하신다는 축복이다.

진정으로 예수님처럼 되고 싶다면 하나님께서 이것을 얼마나 우리에게 기대하시는지 골똘히 생각해야 한다. 전체 구속사역이 우리를 염두에 두고 어떻게 계획되었는지, 그리고 우리의 바람이 성취되는 것을 하나님의 목적이 어떻게 보장하는지 기억해야 한다. 우리의 이름이 기록된 '생명책'과 "그 아들의 형상을 본받게 하기 위하여 미리 정하셨으니"라는 말씀은 나란히 자리 잡고 있다. 이 영원한 목적의 첫 번째 부분, 즉 인간 예수 그리스도 안에서 하나님의 모습을 온전히 드러내는 일을 완수하는 데 이미 협력한 하나님의 능력은 두 번째 부분을 성취하는 일과도 역시 관계가 있고, 하나님의 자녀마다 그 형상을 이루게 한다.

예수님의 사역은 이런 하나님의 목적을 수행하는 데 필요한 무엇보다 완벽한 것을 제공한다. 살아 있는 믿음으로 단단하게 유지되는 예수님과의 연합은 아주 강력한 능력이 될 수 있다. 우리는 그것을 하나님이 확실하게 미리 정하신 것으로 신뢰할 수 있지만 전적으로 따를 때 가능한 일이다. 하나님께서 우리를 선택하신 이유는 아들의 형상을 닮게 하기 위함이 아니었는가!

이 진리를 생생하게 의식하는 것이 얼마나 강력한 영향력을 발휘할 수 있는지는 어렵지 않게 알 수 있다. 덕분에 우리는 하나님의 영원하신 뜻이 거룩한 능력으로 우리 안에서 그 목적을 이루도록 자신을 포기하는 것을 배우게 된다. 그것은 우리의 능력이 그 일을 성취하는 데 얼마나 쓸모없고 무능력한지 보여준다. 하나님께 속한 것은 모두 그분을 통하지 않으면 안 된다. 처음이신 그분은 중간이자 마지막이 되신다. 이것은 아주 놀라운 방식으로 우리의 믿음을 강건하게 해서 오직 하나님만 영화롭게 하려는 거룩한 담대함을 갖게 해준다. 그리고 하나님이 자신의 모든 약속과 모든 명령, 곧 하나님께서 뜻하시는 복된 목적을 남김없이 성취하실 것이라고 기대하게 해준다.

그렇다면 이렇게 예수님을 닮는다는 것은 무슨 뜻일까? 그것은 아들이 된다는 뜻이다. 우리가 뒤따라야 하는 것은 아들의 형상이다. 예수님을 닮는 삶의 서로 다른 온갖 특징은 처음이자 마지막이 되는 이것 안에서 하나가 된다. 우리는 "그 아들의 형상을 본받게 하기 위하여 미리" 정해졌다. 예수님은 아들로 살면서 아버지를 섬기며 기쁘게 하셨다. 우리는 마음에 하나님의 영을 모시고, 오직 아들처럼 될 때 아버지를 섬기고 기쁘게 할 수 있다.

날마다 제대로, 그러면서도 확실하게 의식하면서 실천해야 한다. 우리는 예수님처럼 지극히 높은 하나님의 아들이며, 위로부터 난 사람이며, 아버지의 사랑을 받고 있다는 사실을 말이다. 아들이기에 우리는 의지하고 신뢰하며, 사랑하고 순종하며, 즐거워하고 희망하면서 살아간다. 아들로서 아버지와 함께 살아갈 때 어떤 희생이든지 가능하고 어떤 명령이든지 따를 수 있다.

우리는 이 진리를 깨닫기 위해 시간을 내서 기도해야 한다. 그래서 그것이 우리의 영혼 안에서 제대로 능력을 발휘하게 해야 한다. 성령께서 우리 존재의 가장 깊은 부분에 "그 아들의 형상을 본받게 하기 위하여 미리" 정하셨다는 것을 기록하게 해야 한다. 아버지의 목적은 아들이 존귀하게 되는 것, 즉 "그로 많은 형제 중에서 맏아들이 되게 하려 하심"(롬 8:29)이었다. 우리 역시 이것을 평생의 목적으로 삼아야 한다. 맏형 되시는 예수님의 형상을 보여주어서 다른 그리스도인들이 오직 예수님만을 바라보며 찬양하고, 더욱 막역하게 뒤따를 수 있도록 해야 한다.

"내 몸에서 그리스도가 존귀하게 되게 하려 하나니"(빌 1:20)라는 말씀을 삶 속에서 흔들림 없이 유일한 목적, 즉 믿음으로 하는 기도의 커다란 목적으로 삼아야 한다. 이것 덕분에 새로운 확신을 얻어서 예수님처럼 사는 데 필요한 모든 것을 구하고 기대할 수 있다. 우리가 예수님을 닮을 때 하나님의 영원한 목적과 존귀하신 예수님을 통한 그것의 영원한 성취를 연결하는 하나의 고리가 될 수 있다.

그러면 예수님을 닮는 것이 거룩한 하늘의 일이 되어서 하나님으로부터 주어진다는 사실을 깨닫게 된다. 우리는 하나님으로부터 가장 확실하게 그것을 얻을 수 있고, 또 그렇게 될 것이다. 하나님의 목적이 결정한 것을 하나님의 능력이 수행하게 된다. 하나님의 사랑이 정해 놓은 것을 하나님의 사랑이 무엇보다 확실하게 성취하게 된다. 하나님의 영원한 목적에 대한 살아 있는 믿음은 예수님처럼 살도록 재촉하고 도울 수 있는 가장 강력한 능력 가운데 하나가 될 것이다.

내가 하늘에서 내려온 것은 내 뜻을 행하려 함이 아니요. 나를 보내신 이의 뜻을 행하려 함이니라. 요한복음 6:38.

　하나님의 뜻 안에서 우리는 그분의 신적 완전함의 가장 수준 높은 표현과 신적 능력의 강력한 활력을 한꺼번에 접하게 된다. 창조와 그것의 아름다움은 모두 하나님의 뜻이었다. 그것은 하나님의 뜻이 드러난 것이었다. 자연은 모두 하나님의 뜻을 반영한다. 하늘나라에서 천사는 하나님의 뜻을 따르는 일을 더할 나위 없는 축복으로 간주한다. 인간은 자유 의지를 갖고 창조되었기에 하나님의 뜻을 선택할 수 있는 나름의 능력이 있다. 그런데 인간은 사탄에게 속아서 하나님의 뜻보다는 자기 생각을 좇는 커다란 죄를 저질렀다. 그렇다. 선택할 수 있는 자유 의지로 하나님의 뜻이 아니라 자기 뜻을 좇

앉다! 여기에 죄의 뿌리와 비참함이 자리하고 있다.

예수 그리스도는 하나님의 뜻을 따르는 축복을 우리에게 되돌려 주려고 인간이 되셨다. 구속의 커다란 목적은 우리와 우리의 생각이 죄로부터 풀려나서 하나님의 뜻대로 살고 실천하는 것이다. 예수님은 지상생활을 통해서 오직 하나님의 뜻을 위해 살아가는 삶이 무엇인지 보여주셨다. 예수님은 죽음과 부활을 통해 자신이 몸으로 완수한 하나님의 뜻에 따라 살고 실천할 수 있는 능력을 확보하셨다.

"보시옵소서. 내가 하나님의 뜻을 행하러 왔나이다"(히 10:9).

예수님이 태어나기 오래전에 예언자들이 성령님을 통해 직접 말한 이 말씀은 지상에서 예수님의 삶을 풀어줄 열쇠가 된다. 나사렛의 목수 가게, 세례 요한과 함께한 요단강, 사탄을 마주한 광야, 많은 대중을 마주한 곳, 그리고 삶과 죽음의 순간에도 이 말씀이 예수님께 영감을 주고 인도하고 기쁨이 되어 주었다. 하나님의 영광스러운 뜻이 예수님 안에서, 또 예수님을 통해서 성취되어야 했다.

이것을 위해서 예수님이 모든 희생을 치르셨다는 사실을 우리는 확실히 깨달아야 한다. 예수님은 몇 번이고 말씀하셨다.

"그러나 내 원대로 마시옵고 아버지의 원대로 되기를 원하나이다"(눅 22:42).

예수님이 자기 뜻을 부정하고 있다는 사실을 우리는 확실히 이해해야 한다. 겟세마네에서 자기 뜻을 희생해야 할 절정의 순간에 도달했을 때 그곳에는 아버지께 합당한 삶 전체를 드리는 것에 대한 예수님의 완벽한 순종만이 존재했다.

사람이 하나님의 뜻과 다른 뜻을 가진다고 해서 죄는 아니다. 하지만 창조주의 뜻과 상반된 자기 뜻에 집착할 때 비로소 죄가 된다. 예수님은 인간으로서 타고 난 인간의 성품을 소유하면서도 죄의 욕심은 없으셨다. 예수님은 인간으로서 하나님의 뜻이 무엇인지 언제나 미리 알지는 못하셨다. 하지만 하나님의 뜻을 알게 되면 자신의 인간적인 뜻을 포기하고 하나님의 뜻을 실천할 수 있는 준비가 되어 있었다. 예수님의 자기 희생이 완전하고 값진 것은 바로 이 때문이다. 예수님은 인간으로서 자신을 완전히 포기하고 하나님의 뜻 안에서, 그리고 오직 그 뜻을 위해서만 사셨다. 겟세마네와 갈보리의 희생을 앞둔 때에도 언제나 하나님의 뜻을 실천할 준비가 되어 있으셨다.

예수님이 육신으로 감당한 이 순종의 삶은 우리에게 전가되었을 뿐 아니라 성령님을 통해 주어졌다. 예수님은 죽음을 통해 우리의 자기 의지와 불순종에 대해 속죄하셨다. 완전한 순종으로 정복하고 속죄하셨다. 그렇게 해서 자기 의지라는 죄를 하나님 앞에서 완전히 제거했을 뿐 아니라 우리 안에서 역사하는 능력까지 파괴하셨다. 예수님은 부활하심으로써 모든 자기 의지를 정복하셨고, 새로운 생명을 죽은 자들에게 불어넣으셨다. 그래서 예수님의 죽음과 부활의 능력을 아는 우리는 전적으로 하나님의 뜻을 위해서 자신을 바칠 수 있는 능력을 지니게 된 것이다.

이것을 이루려면 예수님과 입장이 같아야 한다. 하나님의 뜻을 전부로 여기고 지상의 삶에서 유일한 목표로 삼아야 한다. 해와 달과 풀과 꽃을 바라보면서 그것들이 누리는 영광을 깨달아야 한다. 그것들은 그저 하나님의 뜻을 따르기 때문에 그런 영광을 누리는 것이다. 하지만 우리는 훨씬 더 큰 영광을 누릴 수 있다. 그것을 알고 기꺼이 실천할 수 있으니 말이다. 그러므로 우리를 자녀로 삼고 돌보시는 하나님의 영광스러운 뜻으로 마음을 채워야 한다. 그것이 바로 우리를 통해 반드시 이루어질 목적이다. 자신을 하나님께 확실하게 드려야 한다. 예수님이 그러셨던 것처럼 하나님의 아름답고 복된 뜻이 분명히 이루어질 것이다. 조용히 묵상할 때마다 즐겁고 신뢰하는 마음으로 자주 이렇게 고백해보라. "하나님을 찬양합니다! 하나님의 뜻을 실천하기 위해서만 살게 하소서!"

두려움 때문에 이것을 멀리해서는 안 된다. 이 뜻이 너무 어려워서 실천할 수 없다고 생각해서도 안 된다. 하나님의 뜻이 어렵게 보이는 것은 그 뜻에 멀리 떨어져서 바라보며, 그 뜻에 굴복할 생각을 갖지 못하기 때문이다. 하나님의 뜻에 따라 모든 자연이 얼마나 아름답게 만들어졌는지 다시 한번 둘러보라. 그리고 스스로 물어보라. 우리를 자녀로 삼아서 사랑하고 축복을 베푸시는 하나님을 불신하는 것이 옳은 일인지를 말이다. 하나님의 뜻은 사랑의 뜻이다. 어떻게 그 뜻에 굴복하기를 두려워할 수 있겠는가?

그 뜻에 순종할 수 없을 것이라는 두려움 때문에 물러나서도 안된다. 하나님의 아들이 이 세상에 오신 목적은 인간이 어떤 삶을 살아야 하는지 보여주기 위함이었다. 부활은 그분처럼 살 수 있는 능력을 우리에게 허락한다. 예수 그리스도는 성령님을 통해서 육신이 아니라 하나님의 뜻에 따라서 행할 힘을 주신다.

"내가 왔나이다"(시 40:7). 예수님이 세상에 오시기 전에 이미 어느 선지자는 구약성경에서 성령님을 통해서 예수님은 물론이고 자신에게 그 말을 할 수 있었다. 예수님은 그 말씀을 취해서 새로운 생명의 능력으로 가득 채우셨다. 그래서 지금 예수님은 구속받은 사람들이 더 간절하고 전폭적으로 그 말씀을 선택하길 바라신다. 자신이 지상에서 그렇게 사셨기 때문이다. 우리는 그렇게 해야 한다.

우리는 나중에 전적인 헌신이 가능할 것이라는 기대 속에서 먼저 시도하고 나서 하나님의 뜻을 성공적으로 수행할 수 있는지를 가늠해서는 안 된다. 먼저 하나님의 뜻이 우리에게 요구하는 것은 물론이고, 축복과 영광까지 전체적으로 파악해야 한다. 직접 하나님께 하듯이 그것에 굴복해야 한다. 우리 신앙고백의 중요한 항목으로 삼아서 "내가 예수님처럼 이 세상에 존재하는 목적은 하나님의 뜻을 실천하기 위함일 뿐"이라고 고백해야 한다.

이렇게 굴복하면 모든 명령과 하나님의 모든 섭리를 이미 우리가 자신을 바친 그 뜻의 일부로 즐겁게 받아들이는 법을 익히게 된다. 이렇게 굴복하면 하나님의 분명한 인도하심과 능력을 기다릴 수 있는 용기를 얻게 된다. 오직 하나님의 뜻을 위해서 사는 사람은 하나님을 의지해서 판단할 수 있기 때문이다. 이렇게 굴복하면 우리의 한없는 연약함을 더욱 철저하게 인식하게 된다. 게다가 사랑하는 예수님과 더 깊은 교제를 나누고 그 형상을 본받게 된다. 그러면 예수님이 우리를 위해 마련하신 축복과 사랑을 완벽하게 누리게 될 것이다.

우리는 하나님의 자녀로서 그리스도를 본받는 것을 순종의 표시로 삼아야 한다. 그 순종은 하나님의 모든 뜻에 단순하고 함축적으로 반응하는 것이다. 그것이 우리의 삶에서 무엇보다 분명히 나타나게 해야 한다. 먼저 하나님의 거룩한 말씀의 계명을 기꺼이, 그리고 전심으로 일제히 지키기 시작해야 한다. 양심이 옳다고 간주하는 모든 일에 아주 부드럽게 헌신하는 것이다. 하나님의 말씀이 직접 지시하지 않을 때라도 그렇게 해야 한다.

이런 식으로 행동하면 우리는 더 높아지게 된다. 알고 있는 만큼 진심으로 순종하고 양심이 말할 때마다 기꺼이 순종할 준비가 되었다는 것은 성령님의 신적인 가르침 덕분에 말씀의 의미와 적용을 더욱 철저히 하게 된다는 뜻이다. 이때 우리는 자신에 대한 하나님의 뜻을 더욱 직접적이고 영적으로 통찰하게 된다. 하나님은 순종하는 이들에게 성령을 주시고, 하나님의 복된 뜻은 성령을 통해서 우리의 길을 더욱 밝게 비추게 된다는 사실을 깨닫게 된다. "사람이 하나님의 뜻을 행하려 하면… 내가 스스로 말함인지 알리라"(요 7:17). 하나님의 뜻은 복되다. 하나님의 뜻에 순종하는 일은 엄청난 축복이다. 이런 순종을 가장 귀한 보물로 알고 간직한다면 얼마나 좋겠는가!

그리고 오직 하나님의 뜻을 위해서만 사는 삶이 너무 힘들어 보이면 예수님이 힘을 얻은 곳을 기억하라. 아들이 즐겁게 실천한 것은 그것이 바로 아버지의 뜻이었기 때문이다.

"이 계명은 내 아버지에게서 받았노라"(요 10:18).

예수님은 이것 때문에 자기 목숨을 내놓을 수 있었다. 예수님과 우리의 연합, 그리고 예수님처럼 살라는 부르심은 '아들'이라는 이 한 단어가 그분의 삶과 능력의 비밀이라는 사실을 언제나 일러준다.

날마다 우리는 "나는 아버지의 사랑을 받는 자녀"라 말하고, 모든 계명을 아버지의 뜻으로 간주하는 것을 가장 큰 소망으로 삼아야 한다. 예수님처럼 아들이라는 의식을 가질 때 비로소 우리는 예수님처럼 온전히 순종하게 된다.

:
:

금생과 내생에 약속 있는
보물을 분별하라

죄로부터 해방되어 의에게 종이 되었느니라.

이제는 너희 지체를 의에게 종으로 내주어 거룩함에 이르라.

…그러나 이제는 너희가 죄로부터 해방되고

하나님께 종이 되어 거룩함에 이르는 열매를 맺었으니

그 마지막은 영생이라. 로마서 6:18-19,22.

내가 애굽 사람에게 어떻게 행하였음과 내가 어떻게 독수리 날개로 너희를 업어 내게로 인도하였음을 너희가 보았느니라. 세계가 다 내게 속하였나니 너희가 내 말을 잘 듣고 내 언약을 지키면 너희는 모든 민족 중에서 내 소유가 되겠고 너희가 내게 대하여 제사장 나라가 되며 거룩한 백성이 되리라. 출애굽기 19:4-6.

마침내 이스라엘 자손이 호렙에 도착했다. 율법이 주어지고 언약이 생겨나는 순간이었다. 이곳에서 선포된 이스라엘 백성을 향한 하나님의 첫 번째 말씀은 구속과 축복, 하나님과의 교제였다.

"내가 어떻게 너희를 내게로 인도하였음을 너희가 보았느니라."

하나님은 구원의 목적으로서 거룩함을 말씀하셨다.

"너희가 거룩한 백성이 되리라."

그리고 구원과 거룩함을 연결하기 위해 순종을 요구하셨다.

"너희가 내 말을 순종하고 내 언약을 잘 지키면 거룩한 백성이
되리라."

하나님의 뜻은 그분의 거룩함을 나타내는 것이다. 우리가 하나
님의 말씀에 순종할 때 그분의 거룩함을 맛보게 된다.

이것은 우리를 다시 에덴동산의 장면으로 데려간다. 하나님은
사람을 거룩하게 하기 위한 시간으로 일곱째 날을 거룩하게 하셨다.
그 목적으로 행하신 첫 번째 일이 무엇인가? 하나님은 사람에게 명
령을 내리셨다. 따라서 그 명령에 순종하는 것은 하나님의 거룩함으
로 향하는 문을 열 것이며 그 입구가 될 것이다.

거룩함은 도덕적 태도이다. 그것은 자유 의지로 선택하고 결정
을 내릴 수 있다. 하나님께서 창조하고 베푸시는 것은 모두 본래 선
하다. 사람이 하나님과 그분의 뜻에 관해 갖고자 하며, 실제로 갖게
되는 것은 도덕적인 가치가 있으며 거룩함으로 인도한다.

하나님은 창조를 통해 그 지혜롭고 선하신 의지를 나타내셨다.
그분의 거룩하신 뜻은 명령을 통해서도 나타난다. 그 거룩한 뜻이
사람의 뜻에 접목되고 사람의 의지가 하나님의 의지를 수용하고 조
화시킬 때 그 사람은 거룩해진다. 하나님은 사람들로 천지창조 이후
일곱째 날에 사람을 거룩하게 하려는 그분의 성화사역에 동참하게
하셨다.

순종은 하나님의 거룩한 뜻과 일치를 이루게 하기에 거룩함으로

가는 통로이다. 타락하기 전의 사람에게도 타락한 사람과 마찬가지로, 이 땅에서의 구원이나 하늘에서의 영광 안에서 모든 거룩한 천사들과 하나님 자신이신 거룩하신 그리스도 안에서까지 순종은 거룩함으로 가는 통로이다. 순종 그 자체는 거룩함이 아니지만 하나님의 뜻을 수용하고 행하려는 그 의지가 하나님과 그분의 거룩하심에 연결되게 한다. 그분의 목소리를 청종하는 것은 하나님께서 그 스스로와 거룩한 자로서 그분의 복된 성품을 온전히 드러내고 우리와 연합되게 하는 길로 인도하심을 따르는 것이다.

순종은 하나님의 뜻을 아는 지식이 아니다. 심지어 그 뜻에 찬성하고 그것을 따르려고 마음먹는 것도 아니라 오직 그것을 행하는 것이다. 지식과 찬성하는 마음과 의지는 모두 행동이 뒤따라야 한다. 하나님의 뜻은 행해져야 한다. "너희가 내 말을 잘 듣고 내 언약을 지키면 거룩한 백성이 되리라." 하나님께서 거룩함에 관해 그분의 백성에게 요구하신 것은 믿음도, 예배도, 경배도 아니다. 오직 순종이다.

하나님의 뜻은 이 땅과 하늘에서 반드시 이루어져야 한다.

"너희가 내 모든 계명을 기억하고 행하면 너희의 하나님 앞에 거룩하리라"(민 15:40).

"너희는 스스로 깨끗하게 하여 거룩할지어다. 나는 너희의 하나님 여호와이니라. 너희는 내 규례를 지켜 행하라. 나는 너희를 거룩하게 하는 여호와이니라"(레 20:7-8).

"너희는 내 계명을 지키며 행하라. 나는 여호와이니라. …나는 이스라엘 자손 중에서 거룩하게 함을 받을 것이니라. 나는 너희를 거룩하게 하는 여호와요 너희의 하나님이 되려고 너희를 애굽 땅에서 인도하여 낸 자니 나는 여호와이니라"(레 22:31-33).

한순간의 고찰은 이 의미를 더욱 분명히 한다. 한 사람의 행동은 그가 어떤 사람인지를 드러낸다. 나는 무엇이 좋은지는 알지만 그것을 아직 받아들이지 못할 수 있다. 또는 받아들이지만 여전히 그것을 원하지는 않을 수도 있다. 어떤 의미에서 나는 무엇인가를 원하지만 그런데도 그것을 행할 만큼의 에너지나 자기 희생, 혹은 능력이 부족할 수도 있다.

생각하는 것은 의지를 갖기보다 쉽고, 의지를 갖는 것은 행동하기보다 쉽다. 행동만이 내가 관심 있는 대상이 나를 온전히 사로잡고 있는지를 증명한다. 하나님은 그분의 뜻이 이루어지기를 원하신다. 이것만이 순종이다. 이 방법을 통해서만 우리가 모든 힘과 의지를 다해 전심으로 하나님의 뜻에 굴복했는지, 그분의 뜻에 따라 살고 행함으로써 그 뜻이 이루어지도록 희생할 각오가 되어 있는지 알수 있다. 하나님은 우리를 거룩하게 하기 위해 오직 이 방법만을 생각하셨다. "너희는 내 규례를 지켜 행하라. 나는 너희를 거룩하게 하는 여호와이니라."

이 가르침은 거룩함을 좇는 모든 사람에게 매우 중요하다. 순종은 거룩함이 아니다. 거룩함은 훨씬 더 고상하고 하나님으로부터 우리에게 내려오는 어떤 것이다. 혹은 하나님께서 우리에게 오시는 것에 관한 것이다. 그러나 순종은 거룩함을 위한 필수 요소이다. 거룩함은 순종 없이 존재할 수 없다. 당신의 마음이 하나님의 뜻을 따르고 믿음으로 하나님께서 그리스도 안에서 당신을 위해 행하신 일들을 돌아볼 때, 하나님께서 여전히 성령을 통해 "평강의 하나님이 친히 너희를 온전히 거룩하게 하신다"는 언약을 성취하시는 일들을 바라볼 때 한순간도 순종을 잊어버리지 않을 것이다.

"너희가 내 말을 잘 듣고 내 언약을 지키면 거룩한 백성이 되리라." 행하는 것이 옳다고 생각되면 즉시 행하기 시작해야 한다. 당신의 양심이 하나님의 뜻이 아니라고 하는 것은 즉시 포기해야 한다. 은총과 능력을 위해서 기도할 뿐만 아니라 하나님께서 말씀하시는 바를 행해야 한다. 예수님은 "내 동생들은 곧 하나님의 말씀을 듣고 행하는 이 사람들이라"고 말씀하셨다. 하나님의 모든 자녀는 그분의 뜻에 따라 태어났으며 그 뜻을 행할 때 그에게 생명이 있다. 아버지의 뜻대로 하는 것은 양식이자 힘이며, 모든 하나님 자녀의 표시이다.

단순하고 온전한 순종의 삶을 사는 것은 그리스도인이 된다는 말 속에 함축된 의미이다. 그러나 많은 그리스도인이 때로는 올바른 지도의 부족으로, 때로는 하나님의 말씀이 가르치는 바에 충분히 주의하지 않음으로 순종이 그리스도인의 삶에서 최상의 위치에 자리 잡고 있다는 사실을 전혀 깨닫지 못한다. 그들은 그리스도와 구속과 믿음을 통해 하나님의 사랑과 형상과 영광을 맛보고, 이를 통해 순종에 이르게 된다는 사실을 알지 못한다. 우리는 모두 그 사실을 간과함 때문에 고통을 이미 겪었을지 모른다.

완전한 평강과 믿음의 안식을 위한 우리의 모든 기도와 싸움에서 무엇인가 비밀스러운 것이 그리스도와 동행하는 기쁨과 그리스도인으로서 생명의 힘이 커가는 축복을 막거나 깨달았던 것을 빠르게 상실하게 했다. 아마도 순종의 필요성에 관한 잘못된 이해가 그 원인일 것이다. 우리의 회심으로부터 얻은 은혜의 자유로움과 강력한 능력이 에덴동산에서 원죄 때문에 멀어졌던 하나님의 뜻에 관한 능동적인 순종과 조화를 회복시키도록 우리를 인도한다. 순종은 하나님과 그분의 거룩함으로 인도한다. 순종을 통해 하나님께서 우리를 거룩함의 미로 옷 입히고 꾸며주실 수 있도록 뜻이 조성되고 그 성품이 형성되어 속사람이 세워진다.

만약 그리스도인이 실패와 무지 때문에 이런 것을 잃어버렸음을 깨달았다면, 그는 성령의 능력 아래 그의 삶의 법으로서 자기를 과감히 버리고 완전하고 전심을 다하는 순종을 신중하게 선택해야 한다. 이스라엘 백성이 하나님의 메시지에 대한 대답으로 시내 광야에서 했던 고백을 그도 할 수 있기를 바란다. "여호와께서 말씀하신 모든 것을 우리가 준행하리이다"(출 24:3).

하나님은 율법이 육신의 약함으로 말미암아 할 수 없었던 것을 그분의 아들과 성령의 선물로 하게 하셨다. 하나님은 시내 광야에서 돌판에 새겨주신 율법을 이제 마음판에 성령의 법으로 새겨주셨다. 성령은 순종의 능력이며 거룩한 영으로서 순종을 통해 우리의 마음에 성령의 처소를 마련하게 하신다. 이 믿음으로 자기 자신을 순종의 삶에 복종시켜야 한다. 이 언약을 깨닫는 것은 신약의 방법이다. "너희가 내 말을 잘 듣고 내 언약을 지키면 너희는 내게 대하여 거룩한 백성이 되리라."

우리는 이미 거룩함이 어떻게 본질상 하나님과 개인적인 관계, 즉 그분이 친히 임재하시는 것을 가정하는지 살펴보았다. "내가 너희를 내게로 인도하였나니 너희가 내 언약을 지키면 너희는 거룩한 백성이 되리라." 우리가 이 의미를 잘 이해하고 굳게 잡으면 순종할 수 있고 그 순종이 우리를 거룩함으로 인도할 것이다.

하나님의 말씀을 주목하자. "너희가 나의 목소리를 청종하고 내 언약을 지키면." 그 목소리는 율법이나 책보다 더 강하다. 그것은 언제나 생명 있는 누군가와의 교제를 의미한다. 그 목소리를 듣고 개인적인 친구이자 살아계신 구원자 예수님의 인도를 따르는 것, 이것이 복음 순종의 비밀이다. 성령님의 인도로 아버지의 임재와 뜻과 사랑이 나타나면, 하나님을 기쁘시게 하려고 온갖 일을 행하는 것에 대해 신약에서 말씀하셨던 의미인 개인적인 관계를 갖게 될 것이다.

이처럼 순종은 거룩함으로 가는 통로이다. 순종의 모든 행위는 살아계신 하나님과의 연결 고리이며 그분의 뜻을 위해 하나님께서 우리를 소유하시도록 굴복하는 행위이다. 느리지만 분명한 성화의 과정에서 하나님의 뜻이 영의 양식으로 우리의 가장 깊은 내면에 수용되면 우리의 영적인 본성은 강해지고 신령해진다. 하나님께서 자신을 나타내시고 그 처소로 삼으실 수 있는 거룩한 성전으로 성장해 간다.

하나님께서 거룩함을 위한 시간으로 일곱째 날을 거룩하게 하셨을 때 그 모든 일을 즉시 다 이루겠다고 하신 적은 없다. 거룩함의 나타남과 전달은 사람이 그것을 위해 준비할 수 있도록 점진적이어야 한다. 하나님께서 우리 각자를 성화시키시는 작업은 장거리 경주와 마찬가지로 시간이 필요하다. 그 과정에서 요구되는 것은 매일, 매 순간의 순종이다. 그 때문에 자기 의지로 소비되고 주님과의 살아 있는 관계를 통해 이루어지지 않는 모든 것은 잃어버리게 된다.

그러나 날마다 그분의 목소리를 듣고 순종하기에 힘쓸 때 거룩하신 하나님은 "너희가 내게 대하여 거룩한 백성이 되리라"는 그분의 말씀을 성취하기 위해 지켜보신다. 그 영혼은 하나님께서 순종하는 마음에 드리우셔서 그분의 처소로 만드실 것이라는 믿음을 가질 수 있다. 살아계신 하나님, 거룩하신 분이 친히 그 처소를 가득 채우시고 "내가 그것을 내 영광으로 거룩하게 할 것이다"라는 언약을 성취하실 것이다.

"내가 너희를 내게로 인도하였나니 너희가 내 언약을 지키면 너희는 거룩한 백성이 되리라." 하나님은 거룩함을 구하는 당신을 자신에게로 인도하신다. 이제 그분의 목소리가 하나님의 모든 생각을 당신에게 말씀하실 것이다. 그럼으로써 당신은 그 생각

을 받아들이고 자기 것으로 만들어 그 뜻에 따라 살고 행하게 될 것이다. 하나님의 뜻이 당신의 뜻이 되게 하며 하나님과 생명뿐 아니라 뜻까지 하나가 되는 가장 온전한 연합으로 들어가 그분의 거룩한 백성이 될 것이다. 당신의 삶에서 하나님의 뜻에 귀 기울이고 그 뜻을 행하는 순종을 기쁨과 영광이 되게 하라. 그 순종이 당신을 하나님의 거룩하심으로 가까이 다가가게 할 것이다.

나는 너희를 만민 중에서 구별한 너희의 하나님 여호와이니라. …너
희는 나에게 거룩할지어다. 이는 나 여호와가 거룩하고 내가 또 너
희를 나의 소유로 삼으려고 너희를 만민 중에서 구별하였음이니라.
레위기 20:24,26.

자기 몸을 구별하여 여호와께 드리는 날이 차기까지 그는 거룩한즉.
…자기의 몸을 구별하는 모든 날 동안 그는 여호와께 거룩한 자니
라. 민수기 6:5,8.

그러므로 예수도 자기 피로써 백성을 거룩하게 하려고 성문 밖에서
고난을 받으셨느니라. 그런즉 우리도 그의 치욕을 짊어지고 영문 밖
으로 그에게 나아가자. 히브리서 13:12-13.

　구별은 거룩함이 아니지만 거룩함으로 가는 길이다. 구별함이

없이는 거룩함도 있을 수 없지만 동시에 거룩함에 도달하지 못하는 구별함도 있을 수 있다. 우리가 구별을 거룩함으로 보는 실수뿐 아니라 구별됨 없이 거룩함을 구하려는 또 하나의 실수를 막을 수 있도록 이 두 가지의 차이와 관련성을 이해하는 것은 매우 중요하다.

거룩함에 관한 히브리어는 '구별함'을 의미하는 단어에 그 뿌리가 있다. 그러나 우리가 번역하는 '구별하다'(separate), '분리하다'(sever), '떼어놓다'(set apart)라는 말은 무척 다른 단어이다. 비록 거룩함을 생각할 때 항상 구별함을 떠올리지만 거룩함은 그보다 무한히 더 높은 차원이다.

하나님께 구별되는 것과 그분의 부르심에 굴복하는 것, 그분을 섬기기 위해 헌신하거나 성별되는 것이 종종 거룩함을 구성하는 것처럼 이해되기 때문에 거룩함을 좀 더 깊게 이해하는 것은 매우 중요하다. 그것들은 단지 시작이자 전제 조건에 불과하며 거룩함 자체는 훨씬 그 이상이라는 사실은 아무리 강조해도 지나치지 않다. 나 자신과 내가 행하거나 드리는 것은 거룩하지 않지만 하나님 자신이나 그분이 내게 행하시는 것이나 주시는 것은 거룩하다. 하나님은 거룩하게 하시려고 나를 소유하신다. 나를 진정으로 거룩하게 하는 것은 하나님의 임재와 영광이다.

이스라엘 백성을 위한 하나님의 말씀을 주의 깊게 연구해 보면 이 의미가 더 분명히 나타난다. 우리는 레위기에서 여덟 번이나 "내가 거룩하니 너희도 거룩할지어다"라는 말씀을 찾을 수 있다. 거룩함은 하나님 최상의 속성이며 이스라엘 백성과의 관계뿐 아니라 그분의 존재와 본질, 그분의 무한한 도덕적 완전함을 표현한 것이다.

하나님은 오직 매우 느리고 점진적인 과정으로 육적이고 어두워진 인간의 마음을 가르치실 수 있었다. 하나님은 처음부터 그분의 백성에게 자신이 거룩하므로 그들도 자신과 같이 거룩하게 되는 것이 목적임을 말씀하셨다. 하나님께서 인간을 자신의 소유로 삼기 위해 구별하셨음을 말씀하신 것은(인간의 소유가 되기 위해 자기 자신을 주시기도 했지만) 현존하는 관계에 관한 것이다. 하지만 거룩한 존재나 그분이 나에게 전해주실 거룩함의 본질적인 가치에 관해서는 어떤 말씀도 하지 않으셨다.

구별은 정결하게 사용하기 위해 그릇을 구별하고 소유하는 것과 같다. 그 그릇에 진정한 가치를 부여하는 것은 우리가 그것을 귀한 것들로 채우는 것이다. 거룩함은 구별이 우리에게 텅 비워놓은 채 남긴 것을 채우는 것이다. 구별은 거룩함이 아니다. 그러나 구별은 거룩함을 위해 필수적이다. "나는 너희를 만민 중에서 구별하였으니 너희는 거룩할지어다."

나는 많은 그릇 중에 섞여 있는 어떤 그릇을 선택해서 구별할 수 있다. 그러나 필요에 따라 그 그릇이 깨끗하게 될 때까지 무엇을 담거나 사용하지는 않을 것이다. 마찬가지로 하나님은 그분의 백성을 애굽에서부터 인도해 내셨으며 그분의 언약과 율법을 주시고 그들을 구별하셨다. 그들을 거룩하게 하기 위한 목적으로 자신의 다스림과 능력 속에 들어오게 하셨다. 하나님께서 그들을 따로 떼어놓고 그들 속에 하나님의 특별한 백성이자 온전히, 그리고 오직 그분의 소유임을 깨우쳐주지 않으셨다면 불가능한 일이었다. 그러므로 분리는 거룩함을 위한 필수과정이다.

나실인의 규례는 구별함이 무엇을 의미하는지 매우 명백히 드러낸다. 이스라엘은 거룩한 민족을 의미했다. 그 거룩함은 특히 성직자들에게서 찾아볼 수 있었다. 우리는 모세의 책 어디에서도 각각의 이스라엘 사람들과 관련한 거룩하여짐에 관해 읽을 수 없다. 그러나 온전히 거룩하기를 원하는 이스라엘 사람들을 위해 그렇게 될 수 있는 규례가 있었다. 나실인들은 자신을 둘러싼 평범한 사람들의 삶으로부터 자신을 구별해야 했으며 구별된 자의 삶을 살아야 했다. 이런 구별은 그림자와 전형의 시대에서 거룩함으로 받아들여졌다. "자기 몸을 구별하는 모든 날 동안 그는 여호와께 거룩한 자니라."

이 구별은 특별히 세 가지로 구성되었다. 첫째는 포도나무의 과실을 삼가는 절제, 둘째는 머리에 삭도를 대거나 면도하지 않는 겸손(남자에게 긴 머리가 있으면 자기에게 부끄러움이 된다), 셋째는 그 부모가 죽었을 때도 자신을 더럽히지 않는 자기 헌신이다. 여기서 우리가 특별히 주목해야 할 점은 그 구별이 율법에 반하는 것이 아니라 율법적인 것으로부터의 구별이었다는 사실이다. 아브라함이 그의 아버지 집에서 살았던 것이나 이스라엘 민족이 애굽에서 살았던 것은 죄가 아니었다. 하지만 진정한 구별은 죄로 드러날 수 있는 것으로 우리를 거룩하게 하려는 하나님께 굴복하는 것을 방해하는 모든 것에서 벗어나는 일이다.

이 사실은 우리에게 무엇을 교훈하는가? 우리는 구별됨의 필요성을 깨달아야 한다. 그것은 하나님의 임의적 명령이 아닌 사물의 고유한 성질에 그 뿌리를 둔다. 무엇을 구별한다는 것은 어떤 특별한 쓰임이나 목적을 위해 그것을 아껴두고, 그것을 선택한 사람의 뜻을 완전히 충족시킬 수 있게 함으로써 그 예정을 달성하는 것이다. 그것은 일의 모든 영역에 있는 원리이다.

학문이나 일의 한 가지 영역을 완전히 구별하는 것은 성공과 완벽으로 이끄는 길이다. 내 앞에 쭉 곧게 뻗은 채 빽빽이 서 있는 나무들로 가득한 참나무 숲이 있다. 숲의 외곽에는 한 그루의 나무가 다른 나무들과 구별되어 홀로이 서 있다. 그 묵직한 줄기와 넓게 뻗은 가지는 구별되어서 그 자신만을 위해 넓은 땅을 차지하고 있는 것이 무엇을 나타내는지 증명하는 듯하다. 구별된 장소는 뿌리와 가지들이 뻗어 나갈 수 있는 그 웅장한 성장의 비밀이다. 우리 인간의 힘은 제한적이다. 하나님께서 우리를 완전히 소유하시고 우리가 그분을 온전히 즐거워한다면 그분께 구별되는 것은 단순하고 자연스럽고 꼭 필요한 요건이 될 것이다. 하나님은 우리가 그분께 모두 맡기고, 또한 그분 자신을 완전히 우리에게 주기를 원하신다.

우리는 구별의 목적을 알아야 한다. 그 목적은 하나님의 말씀에서 분명히 나타난다. "너희는 나에게 거룩할지어다. 이는 나 여호와가 거룩하고 내가 또 너희를 나의 소유로 삼으려고 너희를 만민 중에서 구별하였음이니라." 이 말씀의 의미를 깊이 연구해 보면 하나님은 자신을 위해 우리를 구별하셨는데 그 목적은 친히 우리 안에 거하시고 자신을 나타내 보이시기 위함이었다. 그분의 거룩하심은 그분의 모든 완전함의 총체이자 요약이다. 우리를 구별하신 것은 자신과 같이 거룩하게 하시기 위함이다. 구별 그 자체는 절대 가치가 없다. 만약 구별이 목적이라면 매우 잘못되거나 고통을 줄 수 있다. 모든 것은 구별함의 목적에 달려 있다.

하나님께서 우리를 구하고 온전히 소유하실 때, 그리스도 안에 있는 영원한 생명이 나의 모든 존재를 주관할 때, 성령이 충만히 흘러 나를 통해 자유롭게 역사하심으로 내가 하나님 안에, 하나님께서 내 안에 거하실 때 구별은 어떤 관례나 의식이 아니라 영적인 실재가 된다. 우리가 살펴보았듯이 하나님의 구별하신 목적을 수용하고 따르면 "무엇을 구별해야 하며, 구별함에 따라 어떤 희생이 요구되는가?"라는 어려운 질문에 대한 답을 쉽게 찾을 수 있다. 하나님은 그분의 거룩함과 교제로 이끌지 않는 모든 것에서 우리를 구별하신다.

무엇보다도 우리는 구별의 힘, 우리를 소망과 기쁨, 자유와 사랑의 마음으로 이끄는 힘을 알 필요가 있다. 인간의 언어에서 구별에 관한 가장 위대한 단어는 '나의 것'이라는 말이다. 이 말로 인해 우리는 수고와 행복의 당연한 이유를 발견한다. 어린아이는 장난감이 그 이유일 것이고, 근로자는 소득과 보상, 애국자는 국가를 위해 죽는 것일 것이다.

'나의 것'은 다른 모든 것에서 자기 것을 구별한다. 어린아이가 엄마에게 "우리 엄마"라고 말하고 "내 아들아"라는 대답을 듣는 것이든, 신랑이 신부를 그 부모로부터 데려와 자신의 것으로 삼는 것이든, 거룩하신 하나님께서 "내가 너희를 나의 소유로 삼으려고 너희를 만민 중에서 구별하였음이니라"고 말씀하시는 것이든 '나의 것'이라는 말은 위대한 사랑의 단어이다. 사랑이 마음을 끄는 그 엄청난 힘을 발휘하는 것과 다른 모든 것을 자신에게로 이끄는 이유는 그것이 항상 나의 것이기 때문이다.

하나님도 "너희가 내 것이라"는 말씀만큼 더 중대한 주장과 강력한 매력을 갖는 것이 없음을 아신다. 구별의 능력은 우리가 그 목적을 연구하고 깨닫기 위해, 그 경이로운 '나의 것'이라는 말씀에 귀를 기울이고 나의 것으로 하기 위해, 그 엄청난 사랑을 깨닫고 그 소유가 되기 위해 자기 자신을 헌신하는 만큼 나에게 다가와 나의 안에서 역사할 것이다.

하나님의 사랑은 놀라운 행로를 따라 점진적으로 그 구별의 일을 한다. 그것은 구원의 과정에서 길을 예비한다. 이스라엘은 어린 양의 피와 불기둥의 인도로 애굽에서 구별되었다. "그곳에서 나와 구별되라"는 명령은 사람들을 일깨워 행하게 한다. "내가 너희의 하나님이 될 것이라"는 약속은 꿈을 불러일으키고 믿음을 강하게 한다. 그것은 하나님의 모든 성도와 종들에게, 그래서 마침내 하나님 안에서 거룩하고 흠 없고 더럽혀지지 않았으며 죄인으로부터 구별된 사람들에게 길을 지시한다. 거룩함의 영, 성령의 능력으로 내주하시는 하나님의 임재에 의해 구별을 보증한다. 우리는 하나님께서 임재하심에 따른 구별의 능력을 알아야 한다.

"나와 주의 백성이 주의 목전에 은총 입은 줄을 무엇으로 알리이까?" 모세가 말했다. "주께서 우리와 함께 행하심으로 나와 주의 백성을 천하 만민 중에 구별하심이 아니니이까?" 하나님께서 함께하심을 의식하고 우리가 그분의 소유가 되는 것은 세상과 세상의 사상, 우리 자신과 자신의 의지로부터 진정한 구별을 가능하게 한다. 우리가 구별하심과 그 상을 받아들이고 그 안에서 인내해 나간다면 하나님의 거룩하심이 들어와 우리를 소유할 것이다.

그러면 우리는 하나님의 소유, 그분의 백성이 되는 것은 단순히 그분의 것으로 간주하거나 인정되는 것, 그 이상으로 극히 중요한 것임을 깨닫게 된다. 즉 성령의 능력과 내주하심으로 하나님께서 우리 존재와 감정과 의지를 그분의 생명과 거룩함으로 채우신다는 의미이다. 하나님은 자신을 위해 우리를 구별하고, 그분이 거하시기 위해 거룩하게 하신다. 그분은 그리스도께서 마음속에 내주하게 하심으로 우리 각 개인을 소유하신다. 그때 우리는 우리 안에 거하시는 하나님의 임재로 인해 진정으로 구별되고 지속해서 구별될 수 있다.

지극히 존귀하며 영원히 거하시며 거룩하다 이름하는 이가 이와 같
이 말씀하시되 내가 높고 거룩한 곳에 있으며 또한 통회하고 마음이
겸손한 자와 함께 있나니 이는 겸손한 자의 영을 소생시키며 통회하
는 자의 마음을 소생시키려 함이라. 이사야 57:15.

　이사야가 하나님을 거룩하신 분으로, 또한 그분의 백성을 구속
하고 구원하시는 자로 나타낸 모습은 대단히 놀랍다. 하나님은 자신
을 위해 창조하고 조성하신 백성 한가운데 거룩하신 분으로 거하시
면서 자신의 권능과 영광을 보여주시고 그들을 기쁨과 만족함으로
채우신다.

　그러나 이 모든 약속은 전체로서 백성 모두에 대한 것이다. 하지
만 지금 본문을 보면 하나님께서 새롭고 특별하게도 각 개인과 관계

에서 거룩하심을 아름답게 약속하고 계신다. 거룩하다 이름하며 영원히 거하시는 지극히 존귀하신 이는, 통회하고 마음이 겸손한 백성을 바라보시고 그 사람 안에 거하기 원하신다. 하나님의 거룩하심은 그분의 겸손하신 사랑이다. 그 거룩함은 하나님 앞에서 자신을 높이는 모든 것을 태우는 불인 동시에 겸손한 심령에는 영을 소생시키고 생명을 비추는 햇빛과 같다.

우리가 이 약속을 신약에 나타난 다른 약속들과 연결할 때 그 심오한 중대성이 더욱 분명히 나타난다. 구약보다 월등하다고 할 수 있는 신약의 큰 특징은 구약에서는 율법과 그 제도 안에서 모든 것이 외부적이었던 것에 반해, 신약에서는 하나님의 나라가 우리 안에 있다고 한 것이다. 하나님의 법은 마음속에 주어지고 새겨졌고 우리 안에 새로운 영이 임했다. 하나님의 영이 친히 우리의 영혼에 거하시고, 마음과 속사람이 하나님의 성전이자 집이 되기에 합당하게 지어진다. 이것은 성령의 사역에 독특한 특권을 구성한다. 위의 말씀은 아마도 구약에서 거룩하신 이가 사람들 전체에게가 아닌 신자들 개개인의 마음 가운데 거하신다는 사실이 분명히 나타나는 유일한 구절일 것이다.

이 말씀 속에 하나님의 거룩하심의 두 가지 속성이 완전히 표명된다. 그분은 높고 거룩한 장소에 거하시며 상하고 겸손한 마음에 거하신다. 위로는 천국의 존귀한 보좌에, 아래로는 우리의 통회하며 겸손한 마음에 하나님의 처소가 있다. 하나님의 거룩하심은 그분을 우리와 무한히 멀리 떨어지게 하는 영광일 뿐만 아니라 죄인들에게 가까이 이끌어 그들을 그분과의 교제와 형상으로 인도하며 그분이 거룩하시듯이 거룩하게 만들기도 한다. 거룩하신 이는 겸손한 자들을 찾으신다. 겸손한 자들은 거룩하신 이를 구한다. 이것은 우리가 배워야 할 두 가지 교훈이다.

첫째, 거룩하신 이는 겸손한 자들을 찾으신다.

통회하고 상한 심령만큼 하나님의 마음을 끌며 그분의 거룩하심에 가까이 가게 하는 것은 없다. 그 이유는 명백하다. 두 개의 몸이 동시에 한 곳에 자리 잡을 수 없다는 것은 자연과 영적인 세계의 가장 단순한 법칙이다. 새로운 거주자는 채워져 있던 공간이 비워져야 실제로 그곳을 소유할 수 있다. 인간에게 있어 그의 자아가 소유권을 가지고 있고 자기 의지가 주관한다면 하나님을 위한 공간은 없다. 자아가 왕좌에 있을 때 하나님께서 거하거나 다스리신다는 것은 불가능하다. 죄와 자기애는 눈을 멀게 하여 종종 자기 의지가 점령하고 있다는 사실을 인식하지 못하는 지경까지 이르게 한다.

하나님의 성령에 의해 드러나기 전까지는 진정한 통회와 겸손도 찾아볼 수 없다. 그러나 그 영혼은 자신이 어떻게 은밀하게 하나님을 몰아냈는지, 그래서 얼마나 수치스럽게 상했는지, 또한 하나님께서 그분의 자리에 거하실 수 있도록 자아에서 벗어나기를 얼마나 바라는지 깨닫는다.

'통회'라는 말 속에 그 상한 마음과 지속적인 좌절이 표현된다. 통회를 통해 그 영혼은 은밀하게 자신을 영화롭게 하고, 그럼으로써 거룩하신 이를 그분이 마땅히 홀로 채우셔야 할 권리와 축복이 있는 자리에서 몰아낸 것이 얼마나 어리석으며, 얼마나 큰 죄인지를 깨닫게 된다. 그때 철저히 겸손하게 자신을 버리고 아무것도 아닌 존재가 되어 하나님께 드려야 할 자리와 찬양을 내어드리는 것만을 소망하게 된다.

그러한 상함과 겸손은 고통스럽다. 엄중한 현실은 그 영혼이 자기 안에서 어떤 소망이나 희망도 찾아볼 수 없다는 것이다. 특히 자신이 하나님의 기쁨의 대상이나 축복의 그릇이 될 수 있다고는 상상조차 하지 못한다. 그러나 그것은 바로 주님의 말씀이 우리의 믿음에 주는 메시지이다. 그것은 높고 귀한 보좌에 거하시는 거룩한 분이 자신을 위해 이 땅에 거할 장소를 찾고 준비하신다는 것을 말해준다. 또한 그것은 진정으로 통회하고 겸손한 사람들은 하나님께서 그들과 함께 거하신다는 것을 절대 상상조차 하지 못했으며 지금도 거의 믿지 못함을 말해준다. 하지만 그들이야말로 하나님으로 영광 받으시게 하며 하나님께 자신의 자리를 내드려 그 자리를 채우시게 하는 사람들이다.

거룩하신 분은 겸손한 자들을 찾으신다. 우리가 우리 안에 존경할 만하거나 의지할 만한 것이 존재하지 않음을 알 때 하나님은 우리에게서 존경할 만하거나 의지할 만한 모든 것을 보시고 자신을 위한 자리를 마련하신다. 겸손한 사람은 거룩하신 분의 처소이다.

둘째, 겸손한 자들은 거룩하신 이를 구한다.

죄와 약함을 자각하고 그곳에 자아가 얼마나 가득 차 있는지를
깨달을 때 당신이 절대 거룩해질 수 없다는 사실에 두려워하게 된
다. 그때 거룩하신 이가 자신을 주신다. 절대 자기 자신에게 눈을 돌
리거나 지금 자기가 통회하고 겸손한 마음인지 탐구해야 하는 것이
아니다. 그렇다. 자기 안에 죄밖에 다른 어떤 것도 보이지 않으므로
모든 희망을 포기한 채 더는 자신을 보지 않을 때 거룩하신 이를 바
라보게 되고 그분의 약속이 유일한 희망임을 깨닫게 된다.

거룩하신 이가 통회하는 사람들의 영혼에 나타나시는 것은 믿음
으로만 가능하다. 믿음은 항상 우리가 느끼고 생각하는 것과 반대된
다. 믿음은 하나님 한 분만을 바라본다. 믿음은 그 가장 깊은 불경함
에 관한 의식과 절대로 거룩해질 수 없다는 두려움 속에서 거룩하게
하시는 하나님께서 구원자와 구속자로서 가까이 계심을 믿게 한다.

믿음은 자신의 무가치함과 무지함을 의식하는 가운데 낮아지는
것에 만족하며 하나님이 친히 통회하는 자의 마음을 소유하고 회복
시키시리라는 확신 속에 즐거워한다. 나약함과 권능, 공허함과 충만
함, 진정한 겸손함과 가장 놀라운 하나님의 내주하심이 항상 동시에
일어나는 경험임을 깨닫는 영혼은 행복하다.

이것은 실로 영적인 생명의 깊은 비밀이다. 인간의 이성으로 볼

때 이것은 역설이다. 바울은 이것을 천국의 법칙으로 표현한다.

"우리는 속이는 자 같으나 참되고 무명한 자 같으나 유명한 자요 죽은 자 같으나 보라 우리가 살아 있고 징계를 받는 자 같으나 죽임을 당하지 아니하고 근심하는 자 같으나 항상 기뻐하고 가난한 자 같으나 많은 사람을 부요하게 하고 아무것도 없는 자 같으나 모든 것을 가진 자로다"(고후 6:8-10).

자아가 추방되고 사람이 무가치함을 느낄 때 하나님이 전부가 된다. 무가치함과 약함에 관한 깊은 의식과 나란히 영원한 부유함과 형용할 수 없는 기쁨이 마음을 채울 것이다. 거룩하신 이와의 친밀함, 축복과 사랑, 실제적인 내주하심이 얼마나 깊고 복된 경험이든 간에 그것은 절대 옛 자아가 다시 자리 잡지 않는 것이다. 하나님 한 분만 높이 여기심을 받을 수 있는 자리를 만들기 위해 자기를 낮출 때 하나님께서 영원히 거하실 것이다. 그리스도의 죽음의 권능, 그분의 십자가에 참여함은 매 순간 그분의 부활 능력과 기쁨이 함께하는 것이다. 믿음의 복된 삶에서 겸손과 높이 여김을 받음은 동시에 일어난다. 그것은 상호의존적이다.

겸손한 사람은 거룩하신 이를 찾는다. 그리고 그분을 찾았을 때 그분을 소유함으로 더욱 겸손해진다. 겸손한 사람에게 소유로써 자기를 높이려는 육체의 유혹이나 위험이 없는 것은 아니다. 오직 그 위험을 알기에 하나님께만 더 단단히 붙어 있어야 한다는 두려움을 갖고 지속해서 의지할 수 있는 은혜를 더욱 구하게 되는 것이다.

한순간도 당신의 힘으로 자아나 육체가 완전히 죽은 상태를 누릴 수 있다고 기대하지 말라. 그렇다. 당신은 믿음으로 예수님과 교제하러 들어가 그분과 동행하게 된다. 그때 자아와 육체가 십자가에 못 박힌다. 그분과 동행할 때 당신은 그 권세로부터 자유롭지만, 오직 믿을 때 그 믿음이 자아를 몰아내고 예수 안에 거하게 한다. 그러므로 하나님의 은혜가 더욱 풍성할수록, 거룩하신 이의 내주하심이 더 복될수록 더욱 자기를 낮추고 겸손함을 유지해야 한다. 당신의 위험은 매우 크지만 그만큼 당신의 도움이 더 가까이 있다. 그 위험을 고백하며 떠는 것을 기쁘게 여겨라. 그것이 당신을 믿음으로 담대하게 함으로 승리를 외치게 할 것이다.

스스로 무가치한 자이며 은혜만을 믿는다고 고백하는 그리스도인이여, 당신이 그 놀라운 메시지를 들을 수 있도록 기도한다. 거룩함이라고 이름하며 거룩한 곳에 거하시며 거룩한 장소가 아니면 다니실 수 없는 높고 존귀한 분이 이 땅 위에 거할 곳을 찾으신다. 당신이 그 처소를 드리지 않겠는가? 티끌 가운데 엎드려 하나님께서 그토록 거하기 원하시는 당신의 겸손한 마음을 찾으시도록 하지 않겠는가? 지금 당신이 얼마나 부서지고 낮은 마음이든 간에 하나님께서 그분의 처소로 삼기를 기뻐하신다는 사실을 믿지 않겠는가?

"심령이 가난한 자는 복이 있나니 천국이 그들의 것임이요"(마 5:3).

왕이 그들과 함께 거하신다. 이것이 거룩함으로 가는 길이다. 겸손하라. 그리고 하나님께서 당신을 거룩히 가까이하시고 임재하심이 당신의 거룩함이 되게 하라. "내가 거룩하니 너희도 거룩하라." 당신이 그 명령을 들을 때 믿음으로 그 약속을 외치고 대답하라. "오, 지극히 거룩하신 하나님. 거룩하신 당신이 저와 함께 계신다면 제가 거룩하겠나이다."

죄로부터 해방되어 의에게 종이 되었느니라. 이제는 너희 지체를 의
에게 종으로 내주어 거룩함에 이르라. …그러나 이제는 너희가 죄로
부터 해방되고 하나님께 종이 되어 거룩함에 이르는 열매를 맺었으
니 그 마지막은 영생이라. 로마서 6:18-19,22.

그리스도 예수 안에서 우리가 가진 자유. 갈라디아서 2:4.

그리스도께서 우리를 자유롭게 하려고 자유를 주셨으니 그러므로
굳건하게 서서 다시는 종의 멍에를 메지 말라. 갈라디아서 5:1.

어떤 소유도 자유보다 더 귀하고 값지진 않다. 자유보다 고무적
이거나 고상한 것은 없다. 반면 노예 됨보다 더 비참하고 격하되는
것도 없다. 그것은 인간에게서 용기라든지, 결정 능력, 행동 능력,
그리고 존재와 행위의 힘 등 그가 의도하는 모든 것을 앗아간다.

죄는 노예 됨이다. 우리에 대한 모든 지배권을 획득해 가장 힘든 노동을 강요해 온 외부의 힘에 의한 속박이다. 그런데 그리스도의 구원이 우리의 자유를 회복시켰고 죄악의 손길로부터 풀어주었다. 그러므로 진실로 구원받은 존재로 살고자 한다면 우리의 구원을 완성하기 위해 예수 그리스도께서 행하신 일을 바라볼 뿐만 아니라 그분이 우리에게 부여하신 자유가 얼마나 완전하고 확실하며 절대적인지를 인정할 필요가 있다. 거룩함이라는 열매를 가질 수 있는 것은 오직 '예수 그리스도 안에서 우리의 자유 가운데 굳건히 설 때'만이 가능하다.

로마서에서 '거룩'이라는 단어가 거의 쓰이지 않은 것과 대조적으로, 6장에서 "거룩함에"라는 표현이 두 번이나 사용되면서 의로운 삶을 통해 이르게 되는 목적과 열매로써 그것이 얼마나 분명히 나타났는지 주목할 필요가 있다.

우리가 얻어야 하는 결과를 강조하는 "거룩함에"라는 표현은 "죄로부터 해방되고 의의 종이 되고"라는 표현에 앞서 사용되었다. 이는 우리에게 죄의 권능으로부터의 자유와 의로움에 관한 굴복은 그 자체가 거룩한 것이 아니라 거룩함에 도달할 수 있는 가장 확실하고 유일한 방법임을 가르치고 있다.

그리스도 안에서 우리의 자유에 관한 진실한 통찰과 그 자유로 완전히 들어가는 것은 거룩한 삶에 필수 불가결한 요소이다. 하나님께서 자신을 거룩한 이로 드러내신 것은 이스라엘이 바로에게서부터 나왔을 때였다. 우리가 우리 생명의 모든 날 동안 하나님을 의로움과 거룩함으로 섬기게 되는 것은 우리 자신이 "죄로부터 자유하게 되었고" 우리 적들의 손에서 풀려났음을 알 때 가능하다.

"죄로부터 자유함." 이를 올바르게 이해하기 위해서는 두 가지의 실수를 경계해야 한다. 하나는 그 뜻을 더 국한하지 않는 것이며, 또 하나는 거룩한 영이 의미하는 것보다 더 많은 의미를 부여하지 않는 것이다.

사도 바울은 비난의 말도 하지 않았고 경험담에 관해서도 말하지 않았다. 우리는 죄의 형벌이나 저주로부터의 자유라는 의미를 제한시켜서는 안 된다. 바울은 본문에서 우리의 법적인 위치를 말하는 것이 아니라 영적인 실체(죽음과 부활의 그리스도와 연합된 살아 있는 존재, 그리고 죄의 지배와 권력으로부터 완전히 분리된 존재)에 대해 말하고 있음을 보여준다. "죄가 너희를 다스리지 못할 것이라."

또한 바울은 우리가 모든 죄로부터 자유롭게 되었다고 느낄 때의 경험을 말하는 것도 아니다. 그는 우리로 하나님의 뜻과 일을 하도록 주장하기 위해 죄악이 가졌던 그 힘으로부터 우리를 마침내 분리한 엄청난 객관적인 사실에 대해 말하고 있는 것이다. 그는 이 영광스러운 사건을 믿음으로써 죄악의 명령과 유혹을 대담하게 거절하도록 우리를 재촉한다. 그리스도 안에서 우리가 갖는 자유, 죄의 지배와 힘으로부터의 자유를 아는 것은 경험으로 깨닫게 되는 방법이다.

고대에 터키인이나 무어인들은 종종 그리스도인들을 잡아 노예로 삼았다. 후에 그 속박 가운데 있던 일부 사람들에게 엄청난 배상금이 지급되었다. 그러나 그 노예국가에서 멀리 떨어져 있던 사람들은 그 소식을 전혀 듣지 못하는 일이 잦았다. 지배자들이 그 소식을 듣지 못하도록 막았기 때문이다. 심지어 풀려난 자들조차 노예생활에 너무 익숙해진 나머지 고국으로 돌아가기 위해 해안에 이르는 시도를 해야 한다는 생각을 못했다. 나태하고 희망을 잃어버린 상황이 그들을 노예로 있게 만들었다.

그들은 자신들이 무사히 자유의 땅에 이를 수 있다는 것을 믿을 수 없었다. 몸값은 이미 배상되었다. 진실로 그들은 자유로웠다. 그러나 무지, 혹은 용기의 결핍으로 그들은 현실적으로 여전히 속박 가운데 있었다. 그리스도의 구원이 우리를 지배하던 법적인 지위(죄의 권능은 율법이기 때문에)와 죄악을 완전하게 결말지음으로써 죄악이 더는 우리를 지배할 힘을 잃게 했음에도 말이다.

오직 우리 자신을 죄가 지배하도록 허락하고 자신을 그 노예로 다시 내줄 때만이 죄는 우리에게 주권을 행사할 수 있다. 사탄은 우리가 자신의 노예 상태에서 아주 자유롭게 되었다는 사실을 알지 못하도록 온갖 방법을 모색한다. 그 결과 믿는 자들은 구원의 의미에 관한 생각을 제한하고 있으며 완전한 해방과 축복을 발견하고 소유하기 위한 소망과 기도를 게을리한다. 그 때문에 다른 모든 것과 비교했을 때 죄로부터 자유를 깨달을 수 있는 깊이 있는 경험이 너무나 미미하다. "하나님의 영이 거하시는 곳에 자유로움이 있다." 성령으로 그분의 빛과 이끄심을 겸손하게 구하고 인도함을 받을 때 자유는 우리의 소유가 된다.

사도 바울은 로마서 6장에서 죄로부터의 자유에 관해, 7장(3,4,6절)에서 율법으로부터의 자유에 관해 말하고 있다. 두 가지 모두 그리스도 안에서와 그분과 연합하는 가운데서 우리의 특권이다. 그러면서 바울은 로마서 8장에서 경험으로 우리 것이 된 자유에 관해 말하고 있다.

"그리스도 예수 안에 있는 생명의 성령의 법이 죄와 사망의 법에서 너를 해방하였음이라"(롬 8:2).

그리스도 안에서 우리 것인 이 해방은 또한 성령을 통해 개인적인 경험과 기쁨 가운데 우리 것이 되어야만 한다. 후자는 전자에 달려 있다.

하나님의 자녀가 믿음을 채우면 채울수록, 그 통찰력이 더 명확해질수록, 그리스도 예수 안에서의 영광과 우리를 풀려나게 한 그 자유를 더 의기양양하게 가질수록 영광스러운 자유로움에 더 빨리, 더 충만하게 도달할 수 있다. 그 자유로움이 그리스도 안에만 있듯이 그리스도의 영만이 그 자유를 우리의 실제적인 소유로 삼으시며 우리로 그 안에 거하게 하신다. "그리스도 예수 안에 있는 생명의 성령의 법이 죄와 사망의 법에서 너를 해방하였음이라." "하나님의 영이 거하시는 곳에 자유로움이 있다."

성령은 우리에게 예수님을 주님과 주권자, 즉 우리에 대한 통치권을 가진 유일한 새로운 주권자로 나타내신다. 그분은 그리스도 안에서 하나님의 제사에 우리의 모든 생명을 굴복하도록, 우리를 바치도록, 우리 자신을 내어놓도록 인도하고 계신다. 그분이 이 일을 행하실 때 우리의 믿음이 죄악으로부터의 자유로움에 대해 의식할 수 있고 깨달을 수 있게 된다.

포로들은 구원의 완전함을 믿을 때 '하나님의 자유인'으로서 나아가게 된다. 이제 그들은 죄악이 더는 복종을 강요할 힘이 없음을 알고 있다. 죄는 그 오랜 권리를 찾으려고 할지 모른다. 그래서 아직 권력을 가진 듯 말할지도 모른다. 또다시 두려움과 굴복으로 몰아넣으려고 할 수도 있다. 그러나 우리가 해방되었음을 망각한 채 그 유혹에 넘어가 죄에 힘을 주지 않는 한 우리에게 더는 어떠한 권세도 가질 수 없다.

우리는 하나님의 자유인들이다. "우리는 그리스도 예수 안에서 자유를 가진다." 바울은 로마서 7장에서 여전히 율법을 이루고자 하나 전혀 도움이 되지 않는 영혼(자유 없이 온 마음이 원하는 바를 하고자 죄악 가운데 팔리고 속박된 노예인)의 처절한 모습에 대해 묘사하고 있다. 그러나 성령께서 그 자리를 대신하셨을 때 "오호라. 나는 곤고한 사람이로다"(롬 7:24)라는 그의 불평은 "예수 그리스도를 말미암아 하나님께 감사하리로다. 생명의 성령의 법이 나를 자유롭게 만들었느니라"는 찬양으로 변화되었다.

지금도 하나님의 뜻을 행할 힘이 부족함과 성공적이지 못한 수고, 좌절된 희망, 끊임없는 실패에 대한 셀 수 없이 많은 불평이 수천 가지의 형태로 메아리친다. "오호라. 나는 곤고한 사람이로다!" 그러나 여호와 하나님께 감사하라. 우리는 해방되었다. "그리스도께서 우리를 자유롭게 한 그 자유로! 그러므로 너희도 거룩할지어다. 일어서라. 그리고 다시는 속박의 멍에에 매이지 마라."

사탄은 항상 우리를 죄악이나 법의 멍에 가운데 두려고 한다. 죄나 법이 우리 위에 그 힘을 가졌던 것처럼 다시 속박의 영을 만들어 내려고 한다. 이런 속임수가 당신을 묶도록 놔두지 말라. 그리스도께서 당신을 해방하신 능력으로 굳게 서라. 그분의 메시지를 들어라. "죄로부터 해방되고 의로 종이 되었느니라. 거룩함으로 의에 이르러 종이 되었느니라." "죄로부터 해방되고 하나님께 종이 되고 거룩함에 이르는 열매를 맺었으니." 당신은 거룩해지기 위해 자유로워야 한다. 당신을 통해 일하시고 당신 안에서 호흡하시는 성령께서 그분의 비밀스럽고 온화하지만 강력한 일을 행하시기 위해 자유로워야 한다. 그러면 예수님이 당신을 위해 획득하신 모든 자유 안에서 성숙해질 수 있다.

하나님의 성전이 모든 다른 쓰임으로부터 자유로워져서 하나님과 그분만을 위한 예배의 장소가 되지 않는다면 하나님의 거하심으로 거룩해질 수 없다. 우리가 모든 다른 지배자와 권력, 속박의 멍에에,

혹은 두려움과 의심으로부터 자유로워져서 하나님의 영이 우리를 거룩함 가운데 열매를 맺는 완전한 자유로 인도하시도록 하지 않는다면, 우리 마음속의 성전은 진실하고 완전하게 거룩해질 수 없다.

당신은 죄악으로부터 자유로워졌고 의로움의 종이 되었기에 거룩함의 열매를 얻게 된다. 그 마지막은 영원한 자유와 의로움과 거룩한 생명이다. 이는 다가올 영광에 이르는 여정의 단계이다. 우리가 믿음으로 그리스도 안에서 느끼는 자유로 더 깊이 들어갈수록 하나님의 지체들을 의의 도구로 더 기쁘고 자신감 있게 자랑할 수 있다.

하나님은 우리가 기쁘게 행해야 할 뜻을 가지신 아버지시며 그분의 은혜는 완전한 자유이다. 구원자는 사랑으로 우리를 순종하게 하는 주님이시다. 그 자유는 무법한 것이 아니다. 우리는 우리의 적들로부터 구원받았으므로 의로움과 거룩함으로 우리의 전 생애 동안 하나님을 예배하게 될 것이다.

자유로움은 의로움의 조건이다. 또한 거룩함의 조건이다. 하나님의 뜻을 행함은 그분과의 교제로 이끌며 하나님과 동감을 갖게 한다. 이것으로부터 하나님의 임재의 반영, 즉 거룩함이 나타난다. 죄로부터 해방되고 하나님과 의의 종이 된 우리는 이제 거룩함에 이르는 열매와 그 결과를 소유하게 되었다. 그 거룩함의 열매가 익으면 영생의 씨앗이 된다.

예수님과 동행하는 특권을 누려라

잘하였도다. 착하고 충성된 종아
네가 적은 일에 충성하였으매 내가 많은 것을
네게 맡기리니 네 주인의 즐거움에
참여할지어다. 마태복음 25:21

그날에 너희는 아름다운 포도원을 두고 노래를 부를지어다. 나 여호와는 포도원지기가 됨이여 때때로 물을 주며 밤낮으로 간수하여 아무든지 이를 해치지 못하게 하리로다. 이사야 27:2-3.

　포도원은 이스라엘 백성들의 상징이었으며, 그 한가운데는 참포도나무 한 그루가 서 있었다. 그 가지는 포도나무에 붙어 있는 믿는 자들 개개인의 상징이다. 포도원의 노래는 또한 포도나무와 그 모든 가지에 대한 노래이다. 지금도 주님은 포도원의 노래를 부르라고 포도원 지기들에게 명령하고 계신다. 그들이 이에 순종하면 마음이 연약한 모든 성도가 함께 이 노래에 동참하여 즐거이 부르게 하는 것이다. "나 여호와는 포도원지기가 됨이여 때때로 물을 주며 밤낮으로 간수하여 아무든지 이를 해치지 못하게 하리로다."

"성도가 그리스도 안에 항상 거하는 것이 가능한가?"라는 질문에 하나님은 어떤 대답을 하실까? 하나님의 아들과 끊임없이 교제하는 삶이 이 땅에서 실로 있을 법한 일인가? 그리스도 안에 거하는 것이 우리의 책임이라면 사실상 불가능하다. 그러나 사람에게 불가능한 일이 하나님께는 가능하다. 주께서 항상 우리의 영혼을 친히 밤낮으로 지켜주시고 물을 주시면, 하나님이 말씀하고 뜻하신 바를 반드시 이루실 것을 믿는 사람들의 예수님과의 중단되지 않는 연합은 가능하다. 그러면 가지가 밤낮으로, 여름이고 겨울이고 절대 끊어지지 않는 생명의 연합으로 나무에 붙어 있는 것, 즉 당신이 주 안에 거하는 삶은 분명하고 확실한 약속이 된다.

어떤 의미에서 모든 그리스도인은 항상 예수님 안에 거하는 것이 사실이다. 이것 없이는 참된 생명이 있을 수 없기 때문이다.

"사람이 내 안에 거하지 아니하면 가지처럼 밖에 버려져 마르나니"(요 15:6).

그러나 예수님이 "그가 내 안에 내가 그 안에 거하면 사람이 열매를 많이 맺나니"(요 15:5)라고 약속하시면서 "내 안에 거하라"(요 15:4)고 명령하실 때 주님은 그 의지와 생각과 전심을 다해서 그 명령을 받아들일 것과 그분 안에 거하는 것이 우리가 선택하고 구해야 할 유일한 삶이라는 데 동의하라고 말씀하신 것이다.

그러나 항상 기꺼이, 그리고 의식적으로 예수님 안에 거하는 우리의 권리를 대적하여 나타나는 장애물은 두 가지가 있다. 그 한 가지는 인간의 본성에서 파생된다. 우리의 제한된 능력으로 인해 사람이 동시에 두 가지에 몰입될 수 없다고들 한다. 하나님의 섭리는 많은 그리스도인이 일터에서 자기가 해야 할 일을 하는 것을 가장 우선으로 두게 하신다. 그렇다면 자기가 해야 할 일들에 마음이 뺏긴 사람들이 동시에 그리스도로 충만하고 그분과 교제할 수 있을까? 의식적으로 그리스도 안에 거하는 것은 어떤 긴장과 신령한 생각으로 가득해야 하고, 그 축복을 즐기기 위해서는 모든 일상의 본업을 내려놓아야 한다고 생각한다. 이것은 처음 수도사들이 사람 없는 황량한 곳으로 간 것과 같은 실수이다.

하나님께 감사하라. 이 세상 밖으로 나갈 필요는 없다. 예수님 안에 거하는 것은 모든 순간에 마음을 다 빼앗기거나 직접적이고도 능동적으로 감정을 쏟아부어야 하는 일이 아니다. 우리가 다른 일에 열중할 때도 영원한 사랑의 하나님은 우리 가까이에 거하시고, 그 거룩한 눈으로 우리를 돌보시며 모든 악을 물리치신다. 그래서 우리는 스스로 지킬 수 없을 때도 하나님께서 지켜주고 있음을 의식하며 안식과 평안과 기쁨을 누리게 되는 것이다.

일상생활에서 마음을 전부 모아야 하는 일을 하는 가운데서도 절대적인 사랑의 하나님께서 우리의 영혼에 자리 잡고 지켜주시는 모습을 충분히 찾을 수 있다. 한 가정의 아버지를 생각해보라. 그는 집에서 떨어져 있어도 사랑하는 가족들이 원하는 것을 들어주고 지킬 수 있다. 그는 아내와 자녀들을 사랑하고 그들에게 돌아가기를 고대한다. 그가 사랑하는 가족들을 생각하지 않은 채 일에 몰두하더라도, 그때도 그의 사랑은 가족을 생각하고 있을 때만큼이나 깊고 진실하다. 더욱이 그의 사랑과 가족을 행복하게 하고픈 소망은 그가 자기의 일을 열심히 하게끔 만드는 비밀스러운 기쁨이다.

한 나라의 왕은 그가 일을 하든 휴식을 취하든, 기쁘든 화가 나든 간에 자신이 왕임을 의식하며 행동한다. 사랑스러운 아내이자 엄마는 남편과 자녀들에 관한 생각을 결코 한순간도 잊지 않는다. 그녀가 하는 모든 일에는 가족에 관한 관심과 사랑이 떠나지 않는다. 마찬가지로 영원한 사랑의 하나님께서 우리의 영혼을 소유하고 지키시기에 우리 역시 이 비밀스러운 교제를 잊은 채 한순간도 지낼 수 없다.

우리는 그리스도 안에 있어 그분의 전능하신 능력으로 보살핌을 받는다. 이를 잊는다는 것은 사실상 불가능하다. 우리는 그것을 확신할 수 있다. 우리가 그리스도 안에 거하는 것은 사랑의 나눔보다 더한 기쁨이다. 그것은 생명의 나눔이다. 일할 때나 쉴 때나 생명에 대한 의식은 한순간도 우리를 떠나지 않는다. 마찬가지로 우리 안에서 그 존재에 대한 의식을 갖게 하는 영원한 생명의 강한 능력도 절대 우리를 떠나지 않는다. 그러므로 우리의 생명이신 그리스도는 친히 우리 안에 거하시고, 그의 거하심으로 우리가 그분 안에 있다는 의식을 유지하게 하신다.

두 번째 장애물은 우리의 죄성에 기인한다. 그리스도인들은 날마다 죄를 짓는 일을 일종의 절대적으로 불가피한 것으로 보는 데 익숙해져 있어서 어떤 사람도 그리스도 안에 지속해서 거하는 것은 불가능하다고 여긴다. 그러므로 우리가 종종 믿음에 있지 않고 넘어질 수밖에 없다고 한다. 우리가 부도덕한 본성을 가지고 있을 뿐만 아니라 죄의 근성을 가지고 있기에 그리스도 안에 거하는 것이 우리의 유일하면서도 충분한 구원의 이유가 된다.

그러나 우리는 거해야 할 장소가 신령한 포도나무이자 살아계신 그리스도가 아닌 것처럼, 우리를 굳게 붙드시는 전능하신 능력이 우리의 기대에 못 미치는 것처럼, 주께서 내 안에 거하라고 명령하시면서 우리가 그렇게 행할 수 있는 은혜와 능력은 보장해주지 않으신 것처럼, 무엇보다 우리가 넘어지지 않도록 지켜주시는 농부로서의 하나님이 없는 듯 살아간다. 우리가 하나님을 이스라엘을 지키시는 자로 본다면 우리는 매 순간 의식적으로 그리스도 안에 거하는 삶이 진정으로 하나님께서 그를 사랑하는 자들을 위해 준비하신 것임을 알게 될 것이다.

"여호와께서 너를 지켜 모든 환난을 면하게 하시며 또 네 영혼을 지키시리로다"(시 121:7).

사랑하는 형제 그리스도인들이여, 그것만이 당신의 유일한 목표이기를 바란다. 그것을 성취하기가 쉽지 않다는 사실을 잘 안다. 피곤한 싸움과 쓰디쓴 실패의 시간을 적지 않게 경험할 것이다. 그리스도의 교회가 그 바람직한 모습대로 되기를. 오랜 신앙생활을 한 사람들이 갓 회심한 젊은 그리스도인에게 갈렙과 여호수아같이 신실하신 하나님의 증인이 되어서 그들처럼 "우리가 능히 이기리라. 그러므로 여호와께서 우리를 기뻐하시면 우리를 그 땅으로 인도하여 들이시고 그 땅을 우리에게 주시리라"(민 13-14장 참조)고 격려하며, 젊은 그리스도인들이 다른 성도들과 교제할 때 건강하고 신뢰할 만하고 즐거운 성화의 경험을 가짐으로써 자연스럽게 그리스도 안에 거하게 되기를.

그러나 그리스도의 많은 지체는 병든 상태에서 그 축복을 쫓아가려고 하다가 그들을 둘러싼 사람들의 생각과 삶을 보고 쉽게 좌절한다. 내가 이 말을 하는 것은 당신을 낙담하게 하려는 것이 아니라 경계하고 자기 자신을 하나님의 말씀에 더 온전히 내드리라고 권고하려는 것이다. 당신에게 절망에 빠질 것 같은 시간이 있을지도 모른다. 그러나 용기를 내라. 당신 가까이에 축복을 두신 분이 틀림없이 그것을 소유하게 하실 것이다.

그 축복을 소유하는 방법은 다양할 수 있다. 몇몇 사람에게 그것은 한순간의 선물로 주어질 수 있다. 부흥을 경험하면서, 성령이 함께 있어 역사하는 다른 성도들과의 교제를 통해서, 능력 있는 하나님 종의 인도를 받으면서, 때로는 혼자 고독하게 있는 시간에, 한순간에 새로운 깨달음이 그 성도의 영혼에 임할 때가 있다. 성령의 조명 아래 튼튼한 포도나무가 연약한 가지를 아주 안전하게 붙들고 있는 것을 깨달으면서 의심이 일어난다는 것은 불가능하다. 그리스도 안에 지속해서 거하는 것은 모든 성도의 몫이다.

믿는 것과 즐거워하는 것과 사랑하는 것은 저절로 온다. 어떤 사람들에게는 그 축복이 더 느리고 어려운 통로를 통해 온다. 그런데도 낙담과 어려움 가운데 날마다 그 영혼은 앞으로 나아가야 한다. 힘을 내라. 이 길 역시 안식으로 인도한다. 당신이 이 약속의 말씀만 바라고 따르기를 구하라. "나 여호와는 때때로 물을 주며 밤낮으로 간수하리라." 하나님의 입에서 나온 이 말씀을 붙들라. '때때로' 당신은 하나님의 사랑법과 당신의 소망법을 가지고 있다. 다른 무엇에도 만족하지 말라. 주님 안에 거하는 삶으로 인해서 의무와 염려, 이 땅의 슬픔과 죄가 주님 안에 거하는 교제를 방해하는 데 성공할 것이라는 생각을 버려라. 그 대신 당신의 일상에서 믿음의 언어를 사용하는 법을 깨달으라.

죽음과 죽음에 대한 두려움도, 삶과 삶의 모든 염려도, 지금 나를 억누르는 모든 요구도, 앞으로 다가올 어둠의 그림자나 지고한 기쁨도, 심연의 슬픔도, 다른 어떤 피조물도 우리를 예수 그리스도 안에 있는 하나님의 사랑에서 한순간도 끊을 수 없다. 그리스도는 그 사랑으로 우리를 그 안에 거하도록 가르치고 계신다. 모든 것이

어둡게 보이고 믿음이 흔들리면 포도원의 노래를 다시 부르라. "나 여호와는 포도원지기가 됨이여 때때로 물을 주며 밤낮으로 간수하여 아무든지 이를 해치지 못하게 하리로다." 확신하라. 여호와가 밤낮으로 가지를 돌보며 때때로 물을 주신다면 그리스도와 지속해서 끊임없이 교제하는 것은 우리의 특권이 될 것이 분명하다.

백성이 나가서 일용할 것을 날마다 거둘 것이라. 출애굽기 16:4.

날마다 일용할 것을 거둔다. 이것은 만나를 공급하신 하나님과 그것을 거두는 인간 사이의 규칙이었다. 그것은 지금도 하나님께서 자녀들을 은혜로 다루시는 법칙이다. 이 약속의 위대함을 분명히 통찰하고 시행하면 스스로 나약하다고 생각하는 사람이 어떻게 이 땅의 모든 여정을 밝게 헤쳐 나갈 수 있는지 자신감과 인내를 얻게 된다. 의심할 여지 없이 하나님은 그 목적으로, 그리고 인간의 나약함으로 낮과 밤의 변화를 은혜롭게 주셨다. 만약 인간에게 주어진 시간이 매우 길고 끝없는 하루라면 시간은 인간을 압도하고 기진맥진하게 할 것이다.

그러나 낮과 밤의 주기는 인간에게 휴식을 주어 지속해서 몸을 회복시키고 소생시킨다. 날마다 우리는 하루의 수고와 일을 감당한다. 하지만 밤의 휴식은 새로운 아침을 활기차게 시작하게 만든다. 과거의 실수는 저만치 멀어지고 과거의 교훈은 더해진다. 그리고 우리는 날마다 하루하루에 충실할 것이며, 세월과 인생을 그 길이와 무게가 짐이 된다는 의식 없이 저절로 책임질 것이다.

가장 기분 좋은 것은 은혜의 삶을 살다가 이 진리로 말미암아 격려가 된다는 점이다. 이스라엘 민족은 황량한 광야에서의 여정 동안 필요한 만나를 어떻게 모으고 보관할 수 있는가 고민할 필요가 없었다. "일용할 것을 날마다 거둘 것이라"(출 16:4)는 말씀 속에 얼마나 형용할 수 없는 평안이 있는지는 전부 깨달을 수 없을 만큼 크다. 이 말씀은 내일에 대한 모든 염려를 말끔히 걷어낸다. 오늘만 우리 것이고 내일은 아버지의 것이다.

당신이 세상의 냉대와 유혹과 시험에 맞서야 했던 모든 날에 무엇을 방패로 삼았는가? 언제나 그리스도 안에 거하는 것이 우리에게 필요한 한 가지다. 당신의 양식이자 힘인 만나는 그날에만 주어진다. 그 선물을 충실하게 받는 것은 미래에 대한 당신의 유일한 보장이다. 오늘 당신이 행해야 하는 일을 받아들이고 즐거이 이루라. 오늘 당신이 하나님의 임재와 은혜를 기뻐할 때 내일을 그분께 맡길 수 있는가의 모든 의심이 물러갈 것이다.

이 진리가 우리에게 가르쳐주는 가치는 얼마나 큰가! 우리는 너무도 쉽게 인생을 하나의 큰 전체로 보고 작은 하루를 지나친다. 하루하루가 전체를 만들고 하루의 가치가 전체에 영향을 준다는 사실을 잊어버린다. 놓쳐버린 하루는 고리의 연결이 끊어짐과 같아서 그것을 되돌리기 위해서는 종종 하루 이상의 시간이 걸린다. 놓쳐버린 하루는 다음 날에 영향을 주어 그것을 유지하기가 더욱 어렵게 만든다. 그렇다. 놓쳐버린 하루는 수개월, 혹은 수년간의 주의 깊은 수고가 지켜온 것을 잃게 만든다. 많은 그리스도인이 경험으로 이를 확인했을 것이다.

성도여, 당신이 그리스도 안에 거하려면 날마다 그렇게 하라. 당신은 앞서 '때때로'의 교훈을 배웠다. 그리고 '날마다'의 교훈은 더 배울 것이 있다. 때때로 "주 안에 거하라"는 가르침은 당신이 직접적으로 마음을 단련하기보다 자신을 맡기기만 하면 아버지께서 주시는 더욱 심오한 마음의 안식이 있다는 것이었다. 그러나 이것은 당신이 날마다 새롭게 행해야 하는 것이다. 내드림과 신뢰를 때때로 새롭게 해야 하는 것이다. 하나님은 그 때때로 행함을 모아서 우리가 그 정도를 알 수 있도록 한 묶음으로 묶으신다.

우리가 아침에 앞을 내다보거나 저녁에 뒤를 돌아보고 때때로 행함을 평가해 보면 우리는 그 가치를 어떻게 재어보고 바로 사용해야 할지 알게 된다. 또한 아버지도 매일 새로운 아침에 그날 당신과 당신의 가족들에게 딱 필요한 만큼의 만나를 주시겠다는 약속으로 당신을 만나고, 당신은 하나님이 그의 사랑하시는 아들을 통해 주신 자녀의 자리를 새로이 기쁘고 사랑스럽게 받아들인다. 이것은 하나님이 낮과 밤을 정하신 목적 가운데 하나이다. 하나님이 우리의 약함을 생각하시고 이를 위해 주실 것을 찾으셨다.

날마다 당신이 그리스도 안에 거하라는 소명으로부터 그날의 가치를 찾아라. 한 날의 빛이 당신의 눈을 뜨게 하면 이 말로써 그것을 받아들여라. 하루, 단 하루만, 그러나 하루 동안에는 예수 그리스도 안에 거하고 성장하도록 주어졌다. 그날에 건강하든지 아프든지, 기쁘거나 슬프더라도, 휴식하든지 일하든지, 싸우거나 승리하더라도 아침에는 이러한 감사로써 모든 생각을 사로잡아라. "아버지께서 주신 오늘 하루에 나는 예수 그리스도께 더 가까이 연합할 수 있고, 그렇게 되어야만 합니다."

아버지께서 "내가 너를 그리스도 안에 거하도록 지킨다는 것과 예수가 너로 하여금 풍성한 열매를 맺게 함을 오늘 하루만 믿을 수 있겠느냐?"고 물으신다면 당신은 기쁨으로 이렇게 대답할 수밖에 없을 것이다. "제가 믿으며 두려워하지 않습니다."

하루 동안 일용할 양식은 이스라엘 백성들에게 아침 일찍 주어졌다. 그 양식은 하루 내내 먹고 일용할 것이지만 얻을 수 있는 시간은 아침뿐이었다. 이것은 하루를 주 예수님 안에 거하며 올바르게 보낼 힘이 얼마나 아침에 달려 있는지를 시사한다.

"처음 익은 곡식 가루가 거룩한즉 떡덩이도 그러하고"(롬 11:16).

하루 동안에 여러 가지 일이 쇄도하거나 사람들로 혼잡하여 아버지만이 예수님과의 연결을 끈끈하게 유지해주실 수 있는 때가 있을 수 있다. 아침의 만나로 하루를 먹는다. 그리스도인이 아침에 경건의 시간을 확보해서 은밀히 그의 구주와 친밀한 교제를 분명하고도 효과적으로 갖는다면 온종일 그리스도 안에 거할 수 있을 것이다. 그것은 하루가 끝날 때 얼마나 많은 감사의 이유가 되겠는가!

믿는 자는 아침에 그 새로움과 고요함 속에서 그날을 바라볼 수 있다. 그는 자기의 의무와 시험들을 돌아볼 수 있고, 여느 때와 같이 그것을 자기의 모든 것이 되는 주님에게 내맡기며 그것을 미리 전가한다. 그리스도는 그의 만나이자 양식이며, 힘이자 생명이다. 그는 한 날 일용할 몫을 가질 수 있다. 그의 모든 하루 동안의 필요를 그리스도로 삼고, 그날도 축복과 성장의 날이 될 것이라는 확신 가운데 보낸다.

그런 후에 날마다 가르침과 할 일을 마음에 새긴 자는 거의 무의식적으로 '매일 지속해서'의 비밀을 얻게 된다. 날마다 새로이 그리스도 안에 거하는 것을 믿음으로 붙잡는 일은 중단 없이 영원히 더 해가는 성장이다. 충실한 하루는 다음 날을 위한 축복을 가져와서 신뢰와 순종을 더 쉽고 즐겁게 만든다.

그리스도인의 삶도 마찬가지다. 우리가 전심으로 오늘 일을 감당하면 내일도, 매일도 그렇게 된다. 하루하루가 따로, 매일이 지속해서, 날마다 연속적으로 우리가 그리스도 안에 거하는 것이다. 그리고 그날들은 인생이 된다. 한때 도달하기에 너무 높고 커 보였던 것을 날마다 요구되는 의무로서 "매일 정수대로"(스 3:4) 취하여 사용하기에 합당하게 된다. 여기 이생에서도 우리는 이 목소리를 들을 수 있다.

> "잘하였도다. 착하고 충성된 종아 네가 적은 일에 충성하였으매 내가 많은 것을 네게 맡기리니 네 주인의 즐거움에 참여할지어다"(마 25:21).

우리의 일상은 하나님이 날마다 내려주시는 은혜와 우리가 날마다 올려드리는 찬양의 놀라운 교차점이 될 것이다.

> "날마다 우리 짐을 지시는 주 곧 우리의 구원이신 하나님을 찬송할지로다"(시 68:19).
> "매일 나의 서원을 이행하리이다"(시 61:8).

우리는 하나님이 날마다 일용할 것을 공급하시는 이유를 알았다. 하나님은 오직 필요한 양을, 그러나 충분히 필요한 양을 가장 확실하게 주신다. 우리가 그분의 방법처럼 날마다 필요한 것을 묻고 구하면 그날 필요한 양을 확실히 충분하게 주신다.

우리는 하루를 태양의 떠오름이나 우리가 하는 어떤 일, 혹은 먹는 음식으로 헤아릴 것이 아니라 날마다 새로이 주시는 만나인 이 세상의 생명이자 빛이신 하나님과의 축복된 교제로 시작할 것이다. 신령한 삶은 이생의 삶과 함께 중단 없이 지속해서 이어질 것이다. 날마다 그리스도 안에 거하는 것은 그날의 축복을 가져온다. 우리는 그리스도 안에 날마다, 그리고 영원히 거한다.

"주여, 이것이 우리 모두의 분깃이 되게 하소서!"

너희는 주께 받은 바 기름 부음이 너희 안에 거하나니 너희를 가르
치신 그대로 주 안에 거하라. 요한일서 2:27.

늘 그리스도 안에 거하는 삶은 얼마나 아름다운가! 그것을 오래
묵상하면 할수록 더욱 우리의 마음을 끈다. 그런데도 이 젊은 사도
는 그 귀중한 말씀을 얼마나 자주 한탄하며 외치는가! "그리스도 안
에 거하라!" 마치 그가 그 말씀의 진정한 의미를 거의 깨닫지 못했고
그 온전한 즐거움을 얻는 방법을 알지 못하는 것처럼, 누군가 그 의
미를 완전하고 명확하게 알려주며 주님 안에 거하는 것이 그리 어렵
지 않음을 지속해서 알려주기를 바라는 것처럼 말이다. 오늘 우리가
사도 요한에게서 들었던 말씀에 귀를 기울였다면 얼마나 큰 기쁨과
희망이 있을 것인가! 그 말씀은 우리가 모든 것을 가르쳐주시는 성

령의 기름 부음을 가지고 있어서 그리스도 안에 거하는 방법을 배울 수 있다는 신령한 확신을 준다.

안타깝도다! 어떤 이는 그 말씀이 나에게 위안을 주지 않고 나를 더 우울하게 할 뿐이라고 말한다. 그것은 그가 어떻게 누리는지 모르는 또 다른 특권에 대해 말하고 있기 때문이다. 성령의 가르침은 어떻게 오는지, 성령에 대해 잘 알지도 못하는데 어디서 어떻게 그의 음성을 분별할 수 있다는 말인가? 그는 주 안에 거함에 관하여 성령께서 가르쳐주신다는 약속만으로는 그다지 도움을 느끼지 못한다고 느낀다.

이러한 생각은 성도들 가운데 매우 흔하게 나타나는 어떤 실수로 말미암는다. 그들은 가르쳐주시는 성령이 영적인 삶의 비밀을 먼저 그들의 지식 속에 넣어준 후에 경험으로 알게 한다고 생각한다. 그러나 하나님의 방법은 이와 정반대이다. 모든 영적인 진리에서 참인 것은 특히 그리스도 안에 거하는 것에서도 참이다. 우리는 진리를 알기 위해 먼저 진리대로 살아야 한다. 우리 주 예수님과 함께하는 삶은 신령한 것에 관한 학문의 배움터이다. "내가 하는 것을 네가 지금은 알지 못하나 이후에는 알리라"(요 13:7)는 말씀은 하나님 나라의 법칙이며, 특히 날마다 깨끗이 해야 할 것과 지켜야 할 것을 말한다.

이해하지 못하는 것을 받아들이고, 이해할 수 없는 것에 순응하며, 이성으로 볼 때 신비에 속하는 것을 기대하고, 불가능해 보이는 것을 믿으며, 알지 못하는 길을 걸어라. 이것이 하나님의 학교에서 배우는 수업이다.

> "너희가 내 말에 거하면 참으로 내 제자가 되고 진리를 알지니 진리가 너희를 자유롭게 하리라"(요 8:31-32).

이 말씀과 여타 하나님의 말씀에서 우리는 진리의 이해에 선행하는 생각과 삶의 습관이 있음을 알게 되었다. 진정한 사도 됨은 먼저 주님을 뒤따르고 그다음에 아는 것이다. 그리스도를 믿음으로 순복하고, 그분의 말씀에 믿음으로 순종하며, 가장 불합리해 보이는 것을 기대함은 그리스도를 아는 축복의 유일한 통로이다.

그 원리는 특히 성령의 가르침에 관해 적용할 수 있다. 성령께서 우리 안에서 영적인 삶으로 이끌며, 하나님께서 예비하신 곳으로 인도하시는 방법을 우리가 항상 알지는 못한다는 것이다. 하나님의 약속을 믿고 그분의 신실함을 신뢰하는 성도는 자신이 해야 할 일을 지적으로 명확하게 이해해달라고 요구하지 않으며, 성령이 먼저 일을 하시고 난 후에 그 행하신 일에 순응하고 자신을 성령의 인도하심에 맡긴다. 믿음은 마음 깊은 곳에서 보이지 않게 일하시는 성령을 신뢰한다. 또한 그리스도의 말씀과 성령의 은사도 그리스도 안에 거하게 하는 성령의 가르침을 충분히 보증한다. 그는 믿음으로 보거나 느끼지 못하는 것에 대해 기뻐한다. 그는 내주하시는 성령님이 그분의 일을 조용하지만, 분명히 행하시고 자기를 그리스도와의 온전한 동행과 중단 없는 교제로 이끄심을 알고 확신한다.

성령은 예수 그리스도 안에 있는 생명의 영이시다. 그러므로 숨 쉬게 하는 일뿐만 아니라 그 안에서 영원토록 새로운 생명을 품고 강하게 하며 완성하신다. 성도가 보이지 않지만 가장 분명한 성령의 법에 의탁하면 그의 믿음은 지식으로 바뀔 것이다. 삶에서 성령의 능력으로 행해진 일은 말씀 안에서 나타나는 성령의 빛으로 보상받을 것이다. 지금 이것을 그리스도 안에 거하는 성령의 가르침의 약속에 적용하라. 성령님은 실로 하나님의 강한 능력이시다.

또한 성령님은 그리스도의 사랑으로부터 오시며, 그 생명의 운반자이시고, 우리 안에 계신 그리스도를 나타내고 교통하게 하신다. "성령의 교통하심"이라는 말씀은 우리에게 성령의 최고 사역이 무엇인지 알게 한다. 성령님은 성부와 성자를 교통하게 하시며, 성령 안에서 성부와 성자는 하나이다. 성령님은 모든 성도 사이를 교통한다. 성령 안에서 모든 성도는 하나이다. 무엇보다 성령님은 성도와 그리스도를 교통하게 하신다.

성령님은 포도나무와 가지를 하나로 묶어 자라게 하는 생명의 수액이시다. 성령 안에서 포도나무와 가지는 하나이다. 우리가 성령의 임재와 일하심을 믿기만 하면, 성령님이 우리 안에 계심을 알아 그를 탄식하게 하지 않으면, 성령님을 바라고 성령 충만하기를 기도하기만 하면 그분 안에 거하는 방법을 가르쳐주실 것이다. 성령님은 먼저 우리의 의지로써 그리스도에게 전심으로 붙어 있게 하고, 그다음에 우리의 믿음을 일깨워 하나님에 대한 기대와 신뢰를 더하게 하신다. 그러고 나서 우리의 이해를 넘어서는 평강과 기쁨을 마음속에 불어넣어 주신다.

성령님은 그 방법을 거의 알지 못하는 우리에게 그리스도 안에 거하도록 가르치신다. 그리고 우리의 마음과 삶 속에 들어와서 우리를 이해시키고 진리를 알게 하신다. 이 진리는 단순한 생각의 진리가 아니라 예수 그리스도 안에 있는 진리이며, 성령께서 이미 삶 속에서 실재가 되게 한 빛을 마음속에 비춘 것이다. 이 가르침의 관점에서 볼 때 우리를 그리스도 안에 거하는 삶으로 인도하시는 성령님을 소유했다면 우리에게 가장 필요한 것은 고요하고 평안한 믿음이다. 우리는 그리스도 안에 거하려고 애쓰는 가운데 나타나는 모든 질문과 어려움 중에, 우리를 도우시는 그리스도를 경험하고자 느끼는 모든 바람 중에, 실패와 무력함에 대한 고통을 너무나 빈번하게 자각하는 중에 축복의 확신을 굳게 붙잡아야 한다.

우리는 그리스도 안에 거하도록 가르치시는 성령님의 기름 부음을 받았다. "너희는 주께 받은 바 기름 부음이 너희 안에 거하나니 너희를 가르치신 그대로 주 안에 거하라." 주님의 이 가르침을 믿음의 특별한 훈련으로써 그리스도 안에 거하는 것에 적용해야 한다. 당신이 그리스도와 함께하는 사람인 것만큼이나 분명하게 그의 영을 받았음을 믿어라. 당신이 성령을 방해하지 않는다면 성령께서 권능으로 그의 일을 할 것임을 믿어라. 당신이 알아채지 못할 때도 성령은 일하심을 믿어라. 당신이 하나님께 구한다면 성령님이 강력하게 일하실 것임을 믿으라.

성령의 충만함이 없이는 그리스도 안에 완전히 거하는 삶이 불가능하다. 성령의 충만함은 실로 당신이 날마다 이룰 몫이다. 생수의 강이 흐르는 하나님과 어린양의 보좌 앞에 거할 것을 확신하고 기도로 구하라. 오직 그곳에서만 당신은 성령으로 충만해질 수 있다. 우리 안에서 주님이 그분의 일을 하고 계신다는 평온하며 잠잠한 믿음으로 우리는 주님을 날마다 끊임없이 영화롭게 하는 습관을 조심스럽게 키워나가야 한다. 주님 안에 거한다는 믿음은 세상의 생각과 이기심과 육체의 행위 등 그분을 슬프게 하는 모든 것을 경계하게 한다. 그 믿음이 말씀을 양분으로 삼고, 그분이 성령과 성령의 권능과 성령의 위로와 그분의 사역에 관해서만 말씀하시게 해야한다.

무엇보다 성령의 내주하심을 믿음이 당신을 인도하여, 특히 예수님을 바라게 해야 한다. 우리가 성령의 기름 부음을 받았으므로 예수님만으로 충만할 때 그분으로부터 더욱 강력한 기름이 흘러나온다. 우리가 그분을 바라볼 때 거룩한 기름 부음이 찾아온다.

"머리에 있는 보배로운 기름이 수염 곧 아론의 수염에 흘러서 그의 옷깃까지 내림 같고"(시 133:2).

기름 부음을 가져오는 것은 예수님 안에 있는 믿음이다. 기름 부음이 예수님께로, 그리고 그분 안에 거하도록 인도한다.

그리스도인이여, 성령의 능력 속에서 그리스도 안에 거하라. 그 안에 지속해서 거하는 것이 두려움이나 짐으로 생각되는가? 절대로 그렇지 않다. 우리의 거룩하신 위로자가 얼마나 은혜로우신지 안다면, 그리고 온전히 자신을 그분께 내드린다면 우리는 그리스도 안에 거함을 보증하는 보혜사를 주신 하나님의 위로를 진정으로 경험할 것이다. 성령님은 그리스도 안에 있는 영광스러운 구원과 생명이 하나님의 능력으로 우리에게 전달되는 한 가지 목적을 위해 오셨다.

우리는 모든 구원의 능력과 죄에 대한 완전한 승리를 가지신 살아계신 그리스도를 영원히 우리 안에 거하게 하시는 성령을 받았다. 그가 위로자이신 까닭은 이것이다. 그와 함께 있음으로 인해 그리스도의 부재를 슬퍼할 필요가 없다. 그러므로 우리가 그리스도 안에 거함에 대한 말씀을 읽을 때나 묵상할 때, 혹은 기도할 때 우리를 가르치고 인도하며 일하시는 하나님의 영을 받았다는 사실을 꼭 기억하자. 성령께서 비밀스러우면서도 강력한 능력으로, 불신앙으로 그분을 가로막지 않는 모든 이에게 역사하시기 때문에 우리는 이 소망을 분명히 이룰 수 있다는 확신 가운데 기뻐하자.

너희가 돌이켜 조용히 있어야 구원을 얻을 것이요 잠잠하고 신뢰하
여야 힘을 얻을 것이거늘. 이사야 30:15.

여호와 앞에 잠잠하고 참고 기다리라. 시편 37:7.

나의 영혼이 잠잠히 하나님만 바람이여. 시편 62:1.

　그리스도인 가운데 하나님과 인간이 각자 해야 할 일이 있는 동
업자 같은 관계라고 생각하는 견해가 있다. 그 생각은 인간이 할 수
있는 일은 적고, 그 적은 일도 죄로 얼룩졌다고 본다. 그런데도 인간
은 최선을 다해야 하며, 그 후 하나님이 그분의 일을 하시기를 기대
해야 한다는 것이다. 이렇게 생각하는 사람들이 성경에서 말하는바
인간은 하나님의 구원을 바라며, 잠잠하고 아무 일도 하지 않는 것
을 이해하기는 대단히 어렵다.

우리가 잠잠하고 모든 노력을 중단하는 것이, 인간이 그 모든 능력을 갖추고 할 수 있는 최상의 활동이라는 말은 완벽한 모순으로 보일 것이다. 그러나 이것이 바로 성경이 가르치는 바이다. 그 분명한 수수께끼에 대하여 설명하자면 하나님과 사람이 함께 일하는 것을 말할 때 각기 한 가지 일을 분담하는 양자의 동역에 관한 생각은 바르지 않다. 그 관계는 매우 다른 것이다. 올바른 생각은 순종에 근거한 협력이다.

예수님이 하나님을 온전히 의지하여 모든 말씀과 모든 사역을 행하신 것처럼 그리스도인도 스스로 할 수 있는 일은 없다. 우리가 스스로 할 수 있는 모든 일은 죄이다. 그러므로 자기가 무엇을 하려는 것을 멈추고 내주하시는 하나님께서 일하시기를 기다려야 한다. 그가 자기의 모든 노력을 중단하면 하나님이 그 안에서 일하심을 믿음으로 확신하게 된다. 하나님께서 하시는 일은 그리스도인을 새롭게 하고, 거룩하게 하며, 최고의 힘을 발휘할 수 있도록 인간의 능력을 일깨우는 것이다. 그러므로 인간이 하나님의 손에 있는 수동적인 도구가 되어 자기를 진정으로 내드릴 때 그는 하나님의 전능하신 능력의 능동적인 도구로 사용된다. 최고의 능동성을 지닌 완벽한 수동성의 놀라운 조화를 가장 완전하게 깨달은 사람은 그리스도인의 삶에서 가장 진귀한 경험을 하게 된다.

그리스도 안에 거하는 복된 비결을 공부하는 사람들이 배우는 가르침 가운데 가장 필요하고 적합한 것은 영혼의 잠잠함이다. 그것만이 우리에게 올바로 배우는 겸손한 심령을 길러주어서 주께서 그의 비밀을 그 심령에 드러내시고, 그의 방법을 보여주실 수 있는 유일한 방법이다. 그것은 세 명의 마리아가 보여준 매우 아름다운 심령이다.

먼저, 지금까지 인간이 보여준 가장 놀라운 대답인 동정녀 마리아의 말을 들어보라. "주의 여종이오니 말씀대로 내게 이루어지이다"(눅 1:38). 그녀를 둘러싸고 많은 신비스러운 일이 더해 갔어도 성경은 예수님의 어머니인 마리아를 이렇게 말한다. "마리아는 이 모든 말을 마음에 새기어 생각하니라"(눅 2:19). 또한 '주의 발치에 앉아' 말씀을 듣고, 예수님의 장사를 예비하여 그분에게 기름 부었던 마리아는 예수님의 제자들보다 더욱 심오하게 주님의 죽음의 신비로 들어가지 않았던가! 또한 바리새인의 집에서 눈물로 주를 찾으며 말보다 더 많은 말을 남긴 마리아의 마음을 생각해보라. 하나님 앞에 잠잠한 영혼이 예수님을 알기 위해 최고로 준비된 것이며, 성령께서 주시는 축복을 굳게 잡는 방법이다. 잠잠히 주를 경외하고 거룩한 임재하심 앞에 경배할 때 성령의 세미한 음성이 들려온다.

사랑하는 그리스도인들이여, 그러므로 그리스도 안에 거하는 축복의 신비를 더 잘 알기 원하거든 먼저 이것을 마음에 새겨라.

"나의 영혼아 잠잠히 하나님만 바라라. 무릇 나의 소망이 그로부터 나오는도다"(시 62:5).

당신은 진정으로 참 포도나무와의 놀라운 연합을 소망하는가? 육체와 혈육은 당신에게 그것을 이루어 줄 수 없지만 하늘에 계신 하나니 아버지께서는 하실 수 있다. "네 사사로운 지혜를 버릴지어다"(잠 23:4). 당신은 자신의 무지와 무능력을 고백하며 고개 숙일 수밖에 없다. 아버지께서 기쁘게 성령으로 가르침을 주실 것이다. 당신의 귀가 열려 있고, 생각은 들리는 말씀에 순종하려고 하며, 마음은 잠잠히 하나님만을 바라고, 그 말씀에 귀를 기울이면 성령께서 당신에게 하나님의 비밀을 나타내실 것이다.

그 첫 번째 비밀 가운데 하나는 진리에 대한 깊은 통찰로서 겸허한 마음과 무력함으로 그분 앞에 고개를 숙이고, 잠잠하고 고요히 그분의 가장 희미한 사랑의 목소리라도 붙잡기 위해 있으면 당신의 모든 분주한 생각과 일상의 소음들로 인해 전에는 전혀 듣지 못했던 가르침이 들려올 것이다. 당신이 해야 할 가장 위대한 일은 하나님의 말씀을 귀 기울여 듣고 믿는 것이며, 하나님이 하시는 일을 바라고 지켜보는 것이다. 그리고 자신을 하나님께 내드리고 당신 안에서 강력하게 일하시는 하나님의 행하심을 믿고 예배하며 순종하는 것이다.

우리가 평안히 쉬며 잠잠하면 하나님께서 우리 안에서 우리를 위해 일하실 것이라는 말씀은 참으로 아름답고 반가운 메시지다. 그러나 이것이 실제가 되기까지는 얼마나 갈 길이 먼가! 또한 많은 이가 잠잠함이 축복이고 힘이며 최고 활동의 근원이라는 사실을 깨달기까지는 얼마나 오랜 시간이 걸리는가! 그것이 진정으로 그리스도 안에 거하는 비밀임에도 말이다. 함께 그 진리를 깨닫기 위해 노력하고 이에 맞서는 어떤 것도 경계하자. 영혼의 안식을 위협하는 위험 요소는 적지 않다.

그 위험 요소는 먼저 이 세상에 속한 것을 불필요하게, 너무 지나치게 관심을 두는 것에서 말미암는 방탕이다. 사람들은 모두 저마다의 소명이 있다. 그리고 하나님이 친히 택하신 소명의 범위에는 우리 일과 그 주변 것에 관한 관심도 하나의 의무로 자리한다. 그러나 그리스도인은 그 일과 관련해서도 냉철함과 경계가 필요하다. 그리고 우리에게 더욱 필요한 것은 하나님께서 우리에게 절대적으로 부여하지 않은 일에는 거룩한 절제를 하는 것이다.

그리스도 안에 거하는 것이 실제로 우리의 최고 목적이 되려면 모든 불필요한 흥미를 경계해야 한다. 우리의 영혼에 깊이 자리 잡아야 하는 하나님의 경이한 능력에 맞서는 것은 비록 정당하고 필요한 것이라도 주의하지 않으면 하나님과의 교제에 대한 열정이나 힘이 소모된다. 그러면 세속적인 것에 관한 관심과 염려로 말미암은 불안함과 걱정이 자리 잡아 믿음의 삶을 좀먹고 영혼을 풍파가 이는 바다처럼 만든다. 또한 그곳에는 거룩하신 위로자의 부드러운 속삭임이 들리지 않는다.

이에 못지않게 위험한 것은 신령한 것을 두려워하고 불신하는 일이다. 그런 자는 우려와 노력에도 불구하고 결코 하나님이 하시는 말을 들을 수 없다. 무엇보다 자기의 방식과 자기의 힘으로써 오직 위로부터 오는 영적인 축복을 받으려고 하는 데서 오는 불안함이 있다. 하나님의 뜻을 자기가 계획하고 노력하려는 생각으로 가득한 가운데 그리스도 안에 거하는 축복을 확신하는 자는 지속해서 실패할 수밖에 없다. 하나님의 일이 우리의 방해로 가로막히는 것이다. 우리가 자기 일을 중단할 때만 하나님께서 자기 일을 완전하게 행하실 수 있다. 하나님께서 뜻하고 행하심을 기대함으로써 하나님을 영화롭게 하는 영혼 안에서 하나님의 일을 강력하게 행하실 것이다.

마지막으로 우리가 진정으로 믿음의 길에 들어가기를 원할 때 하나님이 아닌 인간의 기준을 따라 영적인 생명과 성장을 판단하려는 육체의 성급함이 있다. 이 모든 것과 잠잠함의 가르침을 깨닫고 하나님의 말씀을 온전히 받아들이는 사람은 복이 있다. "잠잠하고 신뢰하여야 힘을 얻을 것이거늘." 하나님의 말씀에 귀 기울이거나 아버지께 그분의 말에 귀 기울일 수 있도록 간구할 때마다 먼저 영존하시는 하나님의 임재 앞에서 나의 영혼이 잠잠해지기까지 모든 것을 잠시 멈추고 그 후에 말씀을 읽거나 기도를 시작해야 한다.

하나님께서 가까이 계심을 자각하며, 자아가 얼마나 그 자신을 주장하기에 급급하고, 그 모든 생각과 노력으로 인해 지성소로 가는 길까지 침입하려고 하는지 깨달은 영혼은 고요하게 하나님의 영이 가르치고 일하심에 자기를 드린다. 이제 자아는 하나님의 뜻과 임재의 나타남을 위해 모든 것을 멈추고 거룩한 고요로 들어간다. 그런 후에 말씀 묵상과 기도를 할 때 하나님의 말씀하심을 온전히 받기 위한 문이 열리며, 참으로 하나님을 바라게 된다.

"그리스도 안에 거하라!" 날마다 묵상과 하나님을 바라는 고요한 시간을 갖지 않고 그리스도 안에 거할 수 있다고 생각하지 말라. 그 시간 가운데 그리스도인이 이 세상과 그 모든 분주함을 떠나 모든 생각을 넘어서서 마음과 생각을 지키는 하나님의 평강을 지니는 영혼의 습관이 생긴다. 믿음의 뿌리가 깊이 내리는 곳, 성령께서 친히 가르치시고 거룩하신 아버지께서 영광스러운 일을 수행하실 수 있는 곳은 평안하고 잠잠한 영혼이다. 우리가 모두 매일 "참으로 나의 영혼이 하나님 앞에 잠잠하다"라고 고백할 수 있기를. 또한 이에 도달하기까지 어렵다고 느낄 때마다 폭풍우도 잠잠하게 하시는 하나님의 임재를 바라고 믿을 수 있기를. 잠잠히 바람은 그리스도 안에 거하는 방법이다. 그리스도 안에 거하는 삶의 열매로 영혼이 천상의 고요함과 잠잠함으로 더욱 깊이 들어가기를 바라라.

약한 데서 온전해지는
축복을 누려라

내 능력이 약한 데서 온전하여짐이라 하신지라.
그러므로 도리어 크게 기뻐함으로
나의 여러 약한 것들에 대하여 자랑하리니
이는 그리스도의 능력이 내게 머물게 하려 함이라.
고린도후서 12:9

그가 우리 죄를 없애려고 나타나신 것을 너희가 아나니 그에게는 죄
가 없느니라. 그 안에 거하는 자마다 범죄하지 아니하나니. 요한일
서 3:5-6.

사도 요한은 이 말씀을 하면서 하나님의 아들이 인간으로 오신
위대한 목적으로 죄에 대한 구원을 시사한다. 이는 죄를 없애려는
것이 속죄와 죄로부터의 자유를 뜻할 뿐 아니라 죄의 권세로부터의
구원에도 해당되고, 따라서 믿는 자는 더 이상 죄를 범하지 않는다
는 뜻이다. 그리스도께서 자기 능력으로 이 목적을 수행하실 수 있
는 것은 거룩하시기 때문이다. 그런데 그리스도는 죄인들이 자신과
함께 연합함을 허용하셨다. 그 결과 죄인들의 삶이 그리스도의 삶과
닮아가게 되었다. "그에게는 죄가 없느니라." "그 안에 거하는 자마

다 범죄하지 아니하나니." 그리스도 안에 거하는 한, 그리스도께서 우리 안에 거하는 한 성도는 죄를 범하지 않는다. 우리 삶의 거룩함은 예수님이 가지신 거룩함에 그 뿌리가 있다. "뿌리가 거룩한즉 가지도 그러하니라"(롬 11:16).

바로 이런 질문이 떠오른다. "이것이 어떻게 성경에서 가르치고 있는 인간 본성의 타락과 관련이 있을까?" 요한은 우리가 죄를 범하지 않았기 때문에 죄가 없다고 말하는 우리의 고백이 철저히 잘못되었음을 지적한 것인가? 위의 말씀을 주의 깊게 살펴보면 그것이 옳음을 이해할 수 있다.

요한일서 1장 8절의 "만일 우리가 죄가 없다고 말하면"과 10절의 "만일 우리가 범죄하지 아니하였다 하면", 이 두 구절의 차이를 보자. 이 두 가지 표현은 같은 뜻일 수 없다. 그렇다고 하면 두 번째 말씀은 먼저 한 말씀을 의미 없이 반복한 것에 지나지 않기 때문이다. 그렇기에 8절의 "죄가 없다고 하면"은 10절의 "범죄하지 아니하였다 하면"과 다르다. 죄가 없다는 것은 죄의 본성을 갖지 않았다는 뜻이다. 하지만 아무리 경건한 그리스도인이라도 자기 속, 곧 육체 안에 선한 것이 거하지 않고 늘 죄가 거한다고 고백할 수밖에 없다. 죄를 짓는 것은 이와 매우 다르다. 죄를 짓는 것은 죄의 본성에 자기를 내주고 실제로 죄에 빠지는 것이다.

그러므로 진정한 그리스도인들은 두 가지 입장을 허락하고 있다. 그 한 가지는 우리에게 여전히 죄가 있다는 사실을 인정하는 것이다(8절). 두 번째는 그 죄가 실제적인 행동으로 발생하였다는 사실을 인정하는 것이다(10절). 어떤 그리스도인도 "제게는 죄가 없습니다"와 "저는 전에 죄를 지은 적이 없습니다"라고 말할 수 없다. 우리가 지금 죄가 없다고 말하거나 과거에 죄를 짓지 않았다고 말한다면 우리는 자신을 속이는 것이다.

그러나 우리에게 현재 죄가 있음에도 "우리는 현재 죄를 범하고 있다"라고 말할 필요는 없다. 실제로 죄를 범하였던 것은 과거이다. 요한일서 2장 2절에 나타나듯 현재 죄를 지을 수도 있지만 앞으로도 그러하다는 뜻이 아니다. 그러므로 자신을 한때 박해자였다고 고백한 사도 바울과 같이 과거에 저지른 죄의 깊은 고백과 여전히 악하고 부패한 본성을 가지고 있음에 대한 깊은 자각이, 우리를 비틀거림에서 지켜주시는 하나님께 겸손하게, 그러나 기쁘게 찬송할 수밖에 없게 만든다.

그러나 우리도 잘 알듯 활동력이 강하고 육체가 가진 모든 끔찍한 힘을 소유한 죄를 가진 성도가 어떻게 죄를 소유하고 있지만 죄를 범하지 않을 수 있는가? 그 이유는 그리스도께는 죄가 없으므로 그 안에 거하는 자마다 죄를 짓지 않기 때문이다. 그 영혼은 그리스도 안에 더 가까이, 더 견고히 거하게 되면서 순간순간마다 그 보호자이신 주님과 완전히 연합한 가운데 있다. 그리스도는 우리의 옛 본성의 힘을 약화시켜서 그것이 다시 우리를 지배하지 못하게 하신다.

우리는 앞서 그리스도 안에 거하는 방법이 있음을 살펴보았다.

그리스도인 대부분에게 그리스도와의 연합은 약하고 쉽게 끊어져서 죄가 지속해서 올라오고 그 영혼을 죄에 종속시킨다. 그러나 하나님의 약속이 우리에게 주어졌다.

"죄가 너희를 주장하지 못하리니"(롬 6:14).

그런데 그 약속 위에는 한 가지 명령이 선행한다.

"너희는 죄가 너희 죽을 몸을 지배하지 못하게 하여 몸의 사욕에 순종하지 말고"(롬 6:12).

그 약속을 온전한 믿음으로 받는 성도에게는 이 명령에 순종할 능력이 있고 죄는 그 지배권을 주장하지 못한다. 그러나 그 약속을 모르거나 믿지 않거나 민감하지 않은 영혼은 죄에 마음의 문을 열어 주게 된다. 그러므로 많은 성도의 삶은 계속해서 넘어지고 연속으로 죄를 짓는 것이다. 성도가 그리스도 안에 완전히, 영원히 거하기를 힘써 찾으면 죄 없으신 그리스도의 생명이 죄를 짓지 않도록 우리를 지켜주신다. "그에게는 죄가 없느니라. 그 안에 거하는 자마다 범죄하지 아니하나니." 예수님은 진실로 당신을 죄에서 건져주신다. 죄의 본성을 없애는 방법이 아니라 죄의 본성에 굴복하지 않게 하는 방법을 통해서다.

조련사의 눈 외에는 무엇도 두려워하게 하거나 억압할 수 없는 젊은 사자의 이야기를 들은 적이 있다. 당신도 조련사와 함께 있으면 그 사자 가까이에 갈 수 있다. 사자는 여전히 그 본능으로 피에 굶주린 듯 으르렁거릴 수 있지만 조련사의 발아래 얌전히 앉아 있다. 당신은 조련사가 옆에 있으면 사자의 목에 손을 올릴 수도 있다. 그러나 조련사 없이 사자에게 다가서면 즉사할 수도 있다. 마찬가지로 그리스도인도 죄를 소유하고 있지만 죄를 짓지 않을 수 있다. 육체의 악한 본성은 변함없이 하나님을 향해 적대감을 느끼기 쉽지만 그리스도 안에 거함으로써 그 본성이 누그러진다. 성도는 믿음으로 자신을 하나님의 아들에게 맡기어 그 안에 거한다. 그는 그리스도 안에 있으면서 예수님도 그의 안에 거함을 확신한다. 이 연합과 교제는 거룩한 삶의 비밀이다. "그에게는 죄가 없느니라. 그 안에 거하는 자마다 범죄하지 아니하나니."

이제 또 한 가지 질문이 떠오를 것이다. 죄가 없는 분 안에 완전히 거하면, 죄를 범하지 않음을 인정한다 해도 그러한 상태가 가능한가? 우리가 그리스도 안에 거할 수 있기를 바라지만 하루라도 죄를 범하지 않을 수 있는가? 그 질문에는 아주 합당하고 심오한 한 가지 답이 있다. 그리스도께서 자신 안에 거하라고 우리에게 명하셨고, 하나님께 영광을 올릴 수 있는 풍성한 열매를 약속하셨으며, 우리의 수고에 그 크신 능력으로 함께하신다는 사실은 주님이 포도나무와 가지 사이의 건강하고 활력 있는 완전한 연합을 작정하신 것이 아닌가? 우리가 주님 안에 거할 때 주님도 우리 안에 거하실 것이라고 하신 말씀은 그분의 내주하심이 하나님의 능력과 사랑의 실제라는 뜻이 아닌가? 죄로부터의 구원이 하나님을 기쁘시게 하는 것이 아닌가?

우리가 자신의 본성이 악함을 늘 기억하고 죄의 본성이 갖는 끔찍한 힘을 기억하는 가운데 깨어서 날마다 겸손히 주님의 임재하심만이 그 사자를 잠잠하게 한다는 사실을 믿고 의지해야 한다. 예수님이 "내 안에 거하라. 나도 너희 안에 거하리라"라고 말씀하셨을 때 우리가 비록 이 세상과 세상의 고난으로부터, 죄의 본성과 그 유혹에서 벗어나지는 못하지만 적어도 우리에게 완전하게 보장된 이 축복, 즉 온전히 유일하게 우리 주님 안에 거하는 은혜를 주셨음을 잊지 말라. 예수님 안에 거하는 것은 실제로 죄를 범함을 막을 수 있다. 예수님이 친히 그분 안에 거하는 것을 가능하게 하신다.

사랑하는 그리스도인들이여, 말씀의 약속이 성취되기에 너무 높지 않은지 의심하지 말라. 평생, 아니면 수년 동안 죄를 짓지 않는 것이 가능한지 의심하면서 당신의 관심이 흩뜨려지지 않기를 기도한다. 대신 이것을 질문하라. 내가 예수님 안에 거하는 지금, 예수님이 나의 일상 가운데 얼룩진 죄로부터 나를 지키실 수 있는가? 대답은 단 한 가지뿐이다. 물론 예수님이 지키실 수 있다. 그렇다면 지금 그분을 모시고 고백하라. "예수님이 저를 지키고 계십니다. 예수님이 저를 구하십니다." 그리스도께서 당신 안에 거하심으로 인해 당신도 지속해서 그리스도 안에 있기를 믿음으로 열렬히 기도하는 가운데 자신을 그리스도께 드리고 다음 순간을 맞이하면 이 믿음은 계속 새로워지고, 그리스도 안에 지속해서 거하게 된다.

당신이 하는 모든 일 가운데 자주 주께 헌신하고자 하는 당신의 믿음을 새롭게 하라. "예수님이 지금 나를 지키고 계신다. 예수님이 지금 나를 구원하신다." 죄나 실패로 낙담하는 대신 죄가 없는 분 안에 거하기 때문에 평안함을 늘 기억하라. 당신이 즉각적으로 온전히 순종하고 더 큰 기대를 품고 인내한다면 그리스도 안에 거하는 것은 당신이 놀랍도록 성장할 수 있는 은혜이다. 당신을 그리스도 안에 거하게 하고 죄로부터 지키는 것은 그분의 일이다. 그리스도 안에 거하는 것은 당신의 일이다.

다시 말해 가지를 붙드는 것은 포도나무인 그리스도의 일이다. 당신을 그분의 모든 것에 참여하게 하신 그리스도의 거룩한 품성을 바라보면 죄로부터 보호받는 것보다 더 고상한 무엇이 있음을 알게 될 것이다. 그것은 죄악을 금하는 것이다. 우리라는 그릇은 깨끗이 씻긴 후에 더 긍정적이고 큰 축복이 있다. 그리스도의 충만함으로 채워지고 그분의 권능과 축복과 영광을 나타내는 통로가 되는 것이다.

하늘과 땅의 모든 권세를 내게 주셨으니. 마태복음 28:18.

주 안에서와 그 힘의 능력으로 강건하여지고. 에베소서 6:10.

내 능력이 약한 데서 온전하여짐이라. 고린도후서 12:9.

그리스도인이 철저히 약한 존재라는 사실은 경건한 성도들에게 일반적으로 인정되는 진리이다. 이는 또한 일반적으로 오해되고 남용되는 진리이다. 다른 곳에서와 마찬가지로 여기서도 하나님의 생각은 인간의 생각보다 깊고 높다. 그리스도인은 종종 자신의 약함을 잊으려고 한다. 하나님은 우리가 그것을 기억하고 실감하기를 원하신다.

그리스도인은 자신의 약함을 극복하고 그것에서 벗어나기를 바란다. 그러나 하나님은 우리의 연약함을 그대로 두고 오히려 그것을 즐기기를 원하신다. 그리스도인은 자신의 약함을 슬퍼한다. 그러나 그리스도께서 그의 종에게 "도리어 크게 기뻐함으로 나의 여러 약한 것들에 대하여 자랑하리니"(고후 12:9)라고 가르치신다. 그리스도인은 자신의 약함이 하나님을 섬기는 데 있어서 가장 큰 장애물이라고 생각한다. 그러나 하나님은 그 약함이 힘과 성공의 비밀이라고 말씀하신다. 우리가 약함을 인정하고 지속해서 깨닫는 것은 "내 능력이 약한 데서 온전하여짐이라"고 말씀하신 그리스도의 능력을 바라고 얻을 수 있는 출발점이다.

예수님이 보좌에 오르시기 전에 마지막으로 남기신 말씀 가운데 하나는 "하늘과 땅의 모든 권세를 내게 주셨으니"(마 28:18)였다. 예수님이 하나님의 능력의 보좌 우편에 앉으신다는 것은 새롭고 참된, 하나님 역사의 실제적인 사실임과 마찬가지로 모든 능력으로 덧입는다는 것 역시 사실이다. 지금 전능함은 인자이신 예수 그리스도께 위임되어 인간의 본성에 그 강력한 능력이 흐르는 통로가 된 것이다. 그리스도는 자신이 받을 능력을 계시하시고 제자들에게도 같은 능력을 나누어주실 것을 약속하셨다. "내가 올라가면 너희는 위로부터 능력을 받을 것이다"(눅 24:49, 행 1:8 참고). 성도가 자기 일과 삶의 힘으로 삼아야 할 것은 전능하신 구세주의 능력이다.

제자들은 이를 따랐다. 그들은 열흘간 그리스도의 보좌 발등상에서 예배하며 기다렸다. 제자들은 그리스도를 구원자로 믿었고 하나님으로 경배했으며, 친구로 사랑했고 주님으로 따르고 헌신과 순종을 나타냈다. 예수 그리스도는 그들의 모든 생각과 사랑과 기쁨의 한 가지 목적이었다. 그러한 믿음과 헌신의 예배를 통해 제자들의 영혼은 보좌에서 주님과 함께 친밀한 교제를 나누기에 이르렀다. 제자들이 준비되었을 때 권능의 세례가 임했다. 그 능력은 그들 안에, 그리고 그들을 둘러싸고 있었다.

그 능력은 눈에 보이지 않는 주님을 말과 삶으로 나타내는 일에 헌신한 제자들을 위한 자격으로 주어졌다. 제자들 가운데 일부는 거룩한 삶으로써 천국과 예수님을 증명했다. 그 능력은 그들 안에 하나님 나라를 세우고, 죄와 자아에 대한 승리를 주며, 보좌에 계신 예수님의 능력을 입증하는 삶을 살기에 합당하게 하고, 세상에서 성도로 살아갈 수 있도록 주어졌다. 또 어떤 제자에게는 예수님의 이름으로 말하는 일에 온전히 헌신할 수 있는 능력이 주어졌다.

그러나 모든 필요한 능력이나 주어진 하나님의 능력은 지금 예수님이 아버지의 나라를 받으셨으며, 그분이 제자들에게 거룩한 삶이나 온전한 섬김을 위한 능력을 주시는 자임을 증명하기 위한 것이다. 제자들은 사모하여 바라보는 하나님의 나라가 말에 있는 게 아니라 오직 능력에 있음을 세상에 알리기 위해 권능의 선물을 받았다. 하나님의 권능은 자신을 온전히 내드리지 않은 자들도 느낄 수 있을 정도였다(행 2:43, 4:13, 5:13).

예수님은 처음 제자들에게 행하신 일을 지금 우리에게도 행하신다. 제자로서 우리의 삶 전체와 소명은 이 말씀에서 기원되고 보장

된다. "하늘과 땅의 모든 권세를 내게 주셨으니." 예수님은 우리 안에서 우리를 통해 일하실 때 전능의 능력으로 행하신다. 예수님이 요구하시는 일이나 원하시는 일을 친히 그 크신 능력으로 행하신다. 예수님이 주시는 모든 복과 이루시는 모든 약속과 행하시는 모든 은혜는 전부 능력이 함께한다. 권능의 보좌에 계신 예수님으로부터 오는 모든 것은 능력으로 인쳐졌다. 가장 믿음이 약한 성도라 할지라도 죄로부터 지켜주시고, 거룩함이 자라게 하시며, 많은 열매를 맺게 해주시기를 간구하는 믿음을 가질 수 있고, 또한 자신의 간구가 신령한 능력으로 가득 차기를 기대할 수 있다. 그 능력은 예수님 안에 있다. 예수님은 그 모든 충만함으로 우리에게 오신다. 그리고 그분의 지체인 우리 안에서 그 능력이 역사하여 나타나게 하신다.

그 능력을 어떻게 주시는지 알기 원하는가? 답은 간단하다. 그리스도는 우리에게 생명을 주심으로써 능력을 주신다. 많은 성도가 생각하듯 주님은 우리의 연약함을 발견하시고, 그 연약한 능력으로 행하는 수고에 힘을 조금 보태주시는 것이 아니다. 주님은 자신의 전생명과 함께 그분의 능력을 주신다. 성령은 승천하신 주님의 가슴으로부터 직접 내려와서 주님이 들어가신 천국의 영광스러운 생명으로 제자들에게 임했다. 그러므로 지금 우리도 주님과 주님의 능력 안에서 강해지라고 권면을 받는다.

제자들을 강하게 함은 그들의 약함을 제거하고 그 자리에 강하다는 느낌을 심어주는 것이 아니다. 오히려 우리가 철저히 무능하다는 생각을 더 굳게 하는 아주 놀라운 방법으로 주님 안에서 강하다는 의식을 심어주는 것이다.

"우리가 이 보배를 질그릇에 가졌으니 이는 심히 큰 능력은 하나님께 있고 우리에게 있지 아니함을 알게 하려 함이라"(고후 4:7).

약함과 강함은 병행한다. 한 가지가 더해지면 다른 한 가지도 그렇게 된다. 그리하여 우리는 다음 말씀을 깨달을 수 있게 된다.

"내 능력이 약한 데서 온전하여짐이라 하신지라. 그러므로 도리어 크게 기뻐함으로 나의 여러 약한 것들에 대하여 자랑하리니 이는 그리스도의 능력이 내게 머물게 하려 함이라"(고후 12:9).

믿음의 제자는 보좌에 계신 그리스도를 바라보고 전능하신 그리스도를 자신의 생명으로 삼는다. 또한 완전함과 순결, 힘과 영광 가운데 있는 생명을 소망하는데 그 생명은 영광 받으신 주님 안에 있는 영원한 생명이다. 제자는 자기 안에 있는 생명을 생각하고 거룩함을 갈망하면서 하나님을 기쁘시게 하고, 하나님의 일을 할 수 있는 능력을 구한다. 제자는 그리스도를 바라보며, 그분이 자기의 생명임을 기뻐하며, 그 생명이 자기 안에서 모든 필요에 강하게 역사할 것을 확신한다. 제자는 소소한 일이건 대단한 일이건, 순간순간마다 죄로부터 보호받는 일이나 어떤 어려움이나 시험을 당할 때 그리스도의 능력을 기대의 척도로 삼는다. 자신이 더 이상 나약하지 않아서가 아니라 철저히 무력하지만 전능하신 구세주가 내주하셔서 일하심을 알고 바람으로서 즐겁고 복되게 살아간다.

이 교훈이 우리에게 실제적인 삶의 모습에 대해 가르치는 것은 단순하지만 매우 중요하다. 먼저 우리의 모든 능력은 그리스도 안에 쌓여 있고 언제든지 사용될 준비가 되었다는 가르침이다. 그리스도 안에 모든 능력을 가진 생명이 있어서 우리의 마음이 그리스도를 향해 열려 있을 때 흘러나오게 된다. 그러나 그 생명의 흘러나옴이 많든 적든 우리가 어떻게 경험하든지 간에 오직 하늘과 땅의 모든 권세를 가진 그리스도 안에 그 능력이 있다. 우리는 이를 온전히 깨달아야 한다. 예수 그리스도께서 하나님으로부터 모든 능력을 받아 우리에게 완전한 구원자가 되심을 가슴 가득 받아들여야 한다. 하늘의 모든 권세와 땅의 모든 능력을 넘어서고, 우리의 마음과 삶 가운데 모든 힘을 넘어서는 그리스도의 권능이 우리의 필요를 위해 존재한다.

두 번째 가르침은 우리가 그리스도와 친밀히 연합할 때 이 능력이 우리에게 흘러들어온다는 것이다. 그 연합이 약해서 가치 있게 여겨지지 않거나 잘 구축되지 않았다면 그 능력은 미약할 것이다. 그리스도와의 연합을 최고로 여기고, 그 연합을 위해 다른 모든 것을 희생할 때 그 능력은 우리에게 오롯이 임하여 일할 것이다. "내 능력이 약한 데서 온전하여짐이라." 그러므로 우리가 신경 써야 할

한 가지는 우리의 능력이신 그리스도 안에 거하는 것이다. 우리의 유일한 의무는 주 안에서와 그 힘의 능력 안에서 강해지는 것이다. 우리 안에 계신 하나님의 위대한 능력을 더 넓고 명확하게 깨닫는 믿음을 갖자. 그 믿음은 모든 원수를 이기고 하늘에 오르시어 높임 받으신 그리스도의 능력을 믿는 것이다(엡 1:19-21). 믿음으로 하나님의 놀랍고 가장 복된 섭리를 받아들이자.

우리 안에 있는 것은 연약함뿐이지만 그리스도 안에는 모든 능력이 있어 우리가 그리스도 안에 있으면 분명히 그 능력 가운데 거할 수 있다. 믿음으로 날마다 자아와 그 생명에서 벗어나 그리스도와 그 생명 안에 거하자. 그리스도께서 마음대로 역사하시도록 전 존재를 드리자. 무엇보다도 그리스도께서 그 전능의 능력으로 우리 안에서 그의 일을 완성하실 것을 확신하는 가운데 기뻐하자. 우리가 그리스도 안에 거하면 그분 권능의 영이신 성령이 우리 안에서 강하게 역사하실 것이다. 그때 우리는 즐거이 노래할 것이다.

"여호와는 나의 힘이요 노래시며 나의 구원이시로다. 그는 나의 하나님이시니 내가 그를 찬송할 것이요 내 아버지의 하나님이시니 내가 그를 높이리로다"(출 15:2).

내 속 곧 내 육신에 선한 것이 거하지 아니하는 줄을 아노니 원함은 내게 있으나 선을 행하는 것은 없노라. 로마서 7:18.

스스로 생명을 갖는 것은 하나님과 하나님이 생명을 부여하신 아들의 특권이다. 자기가 아닌 하나님 안에서 생명을 구하는 것은 피조물이 갖는 최고의 영광이다. 스스로 살아가려고 하는 것은 죄인인 인간의 어리석음이자 죄이다. 그리스도 안에서 하나님으로 인해 사는 것은 성도의 축복이다. 자기의 삶을 거부하고 미워하고 희생하고 버리는 것은 믿음으로 사는 삶의 비밀이다.

"내가 사는 것이 아니요. 오직 내 안에 그리스도께서 사시는 것이라"(갈 2:20).

"내가 한 것이 아니요. 오직 나와 함께 하신 하나님의 은혜로라"
(고전 15:10).

이것은 자기의 삶을 버리고 내주하시는 그리스도의 복된 삶을 얻은 성도의 간증이다. 우리 주님이 죽음을 통해 놓아주신 참된 생명의 길은 그리스도 안에 거하는 것이다.

이 생명은 그리스도인으로 살기 시작하면서부터 시작되지만 그것을 아는 사람은 거의 없다. 갓 회심한 사람들은 용서받았다는 기쁨에서 그리스도를 위해 살아야 한다고 느끼고 하나님이 도우실 것이라는 믿음에 의지한다. 그러나 여전히 하나님을 대적하는 육체의 악함에 대해 무지하고, 하나님의 법에 복종하지 않으려고 하는 육체의 완강함을 모른다. 그들은 하나님의 생명이 그들 가운데 능력으로 나타나려면 인간의 본성에 속한 모든 것이 완전히 죽음으로서 가능함을 알지 못한다. 그러므로 곧 쓰디쓴 실패를 경험하고, 아직 그리스도의 구원 능력을 잘 알지 못함을 깨달음과 더불어 그분을 더 잘 알고자 하는 깊은 갈망이 생긴다.

그리스도는 인자하게 그들을 십자가로 안내하신다. 그곳에서 자기를 대속한 그리스도의 죽음을 믿으면서 삶의 주인이 누구인지 깨닫고, 더 깊은 십자가의 경험으로 들어갈 것이다. 그리스도는 그들에게 자신이 마셨던 잔을 정말로 마실 수 있겠느냐고 물으신다. 그 잔은 그리스도와 함께 십자가에 못 박혀 죽는 것이다. 그리스도는 자신 안에 거하는 자가 이미 십자가에 못 박혀 죽은 것임을 가르치신다. 잘 알지 못해도 회심하였을 때 그리스도의 죽음에 함께한 것이다. 그러나 지금 그들은 그리스도와 함께 죽을 것이라는 선택의 행위로써 전에는 모르고 받았던 것에 완전하고 지식적으로 동의할 필요가 있다.

그리스도의 이 요구는 말로 표현할 수 없을 만큼 엄숙한 것이다. 그리스도인 대부분은 그 요구에 뒤로 움츠러들 것이다. 그들은 반복적으로 넘어지는 것에 너무나 익숙해져서 완전한 승리를 거의 기대하지 않는다. 거룩함, 예수님과의 온전한 연합, 주님의 사랑 안에서 중단 없는 교제를 신앙생활의 분명한 신조로 삼지도 않는다. 죄로부터 최대한 떨어지려 하고, 주님과 최대한 가까이 연합하려 하는 강렬한 열망이 없으면 그리스도와 함께 십자가에 못 박히고자 하는 마음은 들어갈 곳이 없다.

십자가로부터 받는 인상은 고통과 수치뿐이다. 그렇게 생각하는 사람은 예수님이 지신 십자가를 통해 자기가 바라던 면류관을 얻는 데 만족한다. 이는 그리스도 안에 온전히 거하기를 구하는 성도가 바라보는 빛과 얼마나 많은 차이가 있는가? 그는 쓰디쓴 경험을 한 후에야 그리스도 안에 거하는 삶의 온전한 순종과 단순한 믿음을 갖는 데 있어서 가장 큰 적은 자신의 자아임을 깨닫는다.

지금 자아는 그 뜻을 포기하려고 하지 않는다. 그리고 자아는 하나님의 역사를 방해한다. 자아가 이끄는 삶과 그 의지와 행동이 그리스도의 생명의 자리를 대신한다. 자아의 뜻과 행동을 가지고 그리스도 안에 거하는 것은 불가능하다. 이제 십자가에서 돌아가신 그리스도께서 진지하게 물으신다. "자아를 죽음에 내놓을 수 있느냐?" 당신은 하나님으로부터 새롭게 태어났을 때 이미 죄에 대해 죽었고 하나님에 대하여 살았다.

그러나 지금 그리스도의 죽음의 능력으로 육신의 일을 멸하고, 자아를 모두 십자가에 내놓아 그것이 완전히 제거되기까지 그곳에 매달려 있겠는가? 이 질문은 우리의 마음을 꿰뚫는다. 옛 자아에 속한 것이라면 더 이상 아무 말도 하지 않고, 아무리 자연스러운 생각이거나 아무리 좋은 기분일지라도 어떤 감정도, 아무리 옳다 해도 어떤 희망사항이나 일도 허락하지 않겠는가?

이런 의문이 생길지도 모르겠다. 이것이 진정 그리스도께서 요구하시는 것인가? 우리의 본성은 하나님이 친히 지으신 것이 아니던가? 우리가 가진 능력은 하나님을 섬기기 위해 성화될 수 있는 것이 아닌가? 실로 그러하다. 그러나 아마도 당신은 그 본성과 능력이 성화될 수 있는 유일한 방법은 그것이 자아의 힘에서 벗어나 그리스도의 능력 아래로 들어오는 것임을 간과했을 것이다.

그것은 간절히 원한다고 해서, 그리스도의 구속을 입은 자라고 해서 당신의 힘으로 할 수 있는 일이 아니다. 죽음만이 성화의 제단에 오를 수 있는 유일한 방법이다. 죽음에서 살아난 자로서 자신을 하나님께 제물로 드릴 때(롬 6:13, 12:1) 모든 재능과 은사와 소유 등 내가 가진 능력이 전부 주님 앞에 거룩하게 되는 것이다. 그 모든 것은 죄와 자아의 권세에서 분리되어 제단 위의 영원히 타오르는 불로써 태워져야 한다.

자아가 부서지고 죽어야 하나님이 그분을 섬기게 하려고 입혀주신 능력이 온전히 하나님을 순종할 수 있도록 당신에게서 자유로워진다. 또한 당신이 육체 가운데 있는 한 자아가 죽었다고 말할 수 없다. 그리스도의 생명이 당신을 온전히 소유할 때 자아는 십자가의 자리에 놓이고, 죽음의 선고를 받아 당신을 한순간도 지배할 수 없게 된다. 또한 예수 그리스도께서는 제2의 자아가 되신다.

성도여, 진정으로 그리스도 안에 온전히 거하고 싶거든 자아와 영원히 이별하고, 잠시라도 더 이상 자아가 당신의 내면에서 역사하지 않게 하라. 당신이 자아를 완전히 벗어나서 세속적인 일이건 영적인 일이건 간에 모든 생각과 감정, 그리고 행동을 그리스도께서 당신의 내면에서 일으키시도록 하기 원한다면 예수님은 즉시 그 일들을 맡으실 것이다.

생명이라는 말이 가질 수 있는 가장 온전하고 광범위한 의미에서 그리스도는 당신의 생명이 되셔서 당신의 일상을 이루는 수천 가지 일 중 아무리 사소한 일일지라도 모든 것에 그 뜻과 영향력을 나타내신다. 이를 위해 그리스도께서 구하시는 것은 오직 한 가지, 당신이 자아와 그 생명에서 나와 그리스도와 그리스도의 생명 안에 거하는 것이다. 그러면 그리스도께서 당신의 생명이 되실 것이다. 그분의 거룩한 임재하심의 능력이 옛 생명을 몰아낼 것이다.

이를 위해 지금, 그리고 영원히 자아를 버리라. 당신이 자기 일을 잃어버릴까봐 두려워서 이제껏 한 번도 그러지 못했더라도 그리스도께서 당신의 옛 생명의 자리를 취하시어 그분의 생명을 당신에게 주신다는 약속을 바라보고 지금 행하라. 진정으로 자아가 죽게 하고 그것을 실감하라. 자아는 여전히 강하고 살아 있지만 더 이상 당신에게 힘을 행사할 수 없다. 죽음에서 다시 살아난 예수 그리스도 안에서 당신과 당신의 새로운 본성, 즉 당신과 당신의 새로운 자아는 실로 죄에 대해 죽었으며 하나님에 대해 살아났다. 그리스도 안에서 죽음으로써 당신은 온전히 자아의 통제에서 벗어났다.

자아는 당신이 무지하거나 부주의해서, 혹은 불신앙으로 다시 그 권위에 복종하기로 하지 않는 한 힘을 행사할 수 없다. 당신이 그리스도 안에서 얻은 영광스러운 자리를 마음을 다해 믿음으로 받아들여라. 그리스도 안에서 자아에 대해 죽은 자로서, 자아의 지배에서 벗어난 자로서, 그리고 자아의 자리에 그리스도의 신령한 생명을 받아 삶을 움직이게 하는 원동력으로 삼은 자로서 담대하게 당신과 주님의 원수인 자아를 완전히 복종시키라. 용기를 가지고 믿기만 하라. 두려워 말고 번복할 수 없는 발걸음을 내디뎌서 자아는 한 번에 완전히 그리스도의 십자가에 못 박혀 죽었음을 선포하라.

"우리가 알거니와 우리의 옛사람이 예수와 함께 십자가에 못 박

힌 것은 죄의 몸이 죽어 다시는 우리가 죄에게 종노릇 하지 아니
하려 함이니"(롬 6:6).

그리고 십자가에 못 박히신 예수 그리스도께서 당신의 자아를
십자가에서 붙드시고, 당신 안에서 그 빈자리를 그리스도 부활의 복
된 생명으로 채우셨음을 믿어라.

그 믿음으로 그리스도 안에 거하라. 그리스도를 꼭 붙들라. 그분
안에 안식하라. 그분 안에 소망을 두라. 날마다 새로이 성화하라.
당신은 자아라는 폭군에게서 값을 주고 산 몸이며, 이제는 승리자
임을 다시 되새겨라. 매일 거룩한 두려움을 가지고 원수인 자아가
십자가에서 내려오려고 애쓰며 잠시 풀어주라고 당신을 유혹하는
모습을 보라. 그는 이제 그리스도를 섬기겠다고 속이며 당신을 유
혹하고 있다.

기억하라. 하나님을 섬기기를 꾀하는 자아는 순종하기를 거부하
는 자아보다 더욱 위험하다. 거룩한 두려움을 가지고 자아를 대하고
그리스도 안에 숨어라. 당신은 그분 안에서만 안전하다. 그렇게 그
리스도 안에 거하라. 그분도 당신 안에 거하겠다고 약속하셨다. 그
분이 자기를 낮추어 깨어 있도록 가르치실 것이다. 당신이 행복한
마음으로 신뢰하도록 가르치실 것이다.

삶의 모든 관심, 본성이 가진 모든 힘, 끊임없이 흐르는 생각, 의
지, 감정 등 모든 것을 그리스도께 가지고 와서 한때 자아가 너무도

쉽고 자연스럽게 자리 잡고 있던 곳을 그리스도께서 채우시게 하라. 예수 그리스도는 진실로 당신을 소유하시고 당신 안에 거하실 것이다. 당신은 새로운 생명의 안식과 평안함과 은혜 가운데 자아에서 벗어나서 그리스도 안에만 거하는 놀라운 변화로 말미암아 영원히 즐거워하게 될 것이다.

C·H·A·P·T·E·R·04
더 좋은 새로운 언약의 보증을 주시고

이와 같이 예수는 더 좋은 언약의 보증이 되셨느니라. …예수는 영
원히 계시므로. 히브리서 7:22,24.

　성경은 구약의 언약이 가장 좋은 것이라고 말씀하지 않는다. 또
한 하나님은 이스라엘 백성들이 그 언약 안에 머물지 않은 것을 책
망하시고 그들을 돌보지 않으셨다고 말한다(히 8:7-9). 그 언약은
이스라엘 백성이 하나님과 연합하게 하는 분명한 목적을 이루지 못
했다. 이스라엘은 하나님을 저버리고 하나님은 이스라엘을 돌보지
않으셨다. 그리하여 하나님은 처음 언약과는 달리 그 목적을 성취하
기에 효과적인 새로운 언약을 세우시겠다고 약속하셨다. 그 언약의
목적을 이루기 위해서는 백성들에 대한 하나님의 신실하심과 하나
님에 대한 이스라엘의 신실하심이 보장되어야 했다. 또한 새 언약의

말씀이 그 두 가지 목적을 성취할 수 있도록 분명하게 선포되어야 한다.

하나님은 이스라엘 백성들에게 그분의 변함없는 신실하심을 확실하게 약속하셨다. "내가 내 법을 그들의 생각에 두고 그들의 죄를 다시 기억하지 아니하리라"(히 8:10-12 참고). 용서하시는 하나님과 순종하는 백성, 이는 신약에서 만나 영원히 연합하게 되었다. 신약에서 가장 아름다운 은혜 가운데 하나는 언약의 성취가 확실히 이루어지리라는 보증이 하나님과 인간 모두에게 주어진 것이다. 예수님은 더 좋은 언약의 보증이 되셨다. 사람에게 예수님은 하나님의 역할을 맡아 이루는 보증이 되기에 용서하고 용납하시며 다시는 버리지 않으시는 하나님을 우리는 믿고 의지할 수 있다. 하나님께 예수님은 사람이 신실하게 자기의 부분을 성취할 수 있는 보증이 되셔서 하나님이 영원한 언약의 모든 축복을 우리에게 다 주실 수 있다.

그리스도께서 보증을 이루시는 방법은 이러하다. 그리스도는 하나님과 하나가 되어 인간으로서의 본성 안에 하나님이 충만히 거하시게 하고, 하나님이 약속하신 것을 꼭 이루실 것을 보증하신다. 하나님의 모든 것은 사람이신 그리스도 안에서 우리에게 보장되었다. 그리고 그리스도는 우리와 하나이며, 우리를 지체로 삼으시면서 그의 모든 관심을 돌보시는 하나님께 보증이 되셨다. 인간이 행해야 하는 모든 것은 그리스도 안에 보증되었다. 인자이신 하나님의 아들이 살아계시고 영원하시다는 보증은 새로운 언약의 영광이다.

새로운 언약에 관한 말씀 가운데 하나를 비추어 보면 더욱 잘 이해할 수 있다. 예레미야 32장 40절을 보라. "내가 그들에게 복을 주기 위하여 그들을 떠나지 아니하리라 하는 영원한 언약을 그들에게 세우고 나를 경외함을 그들의 마음에 두어 나를 떠나지 않게 하고." 전능하신 하나님이 연약한 우리를 어디까지 굽어살피시는지 그 겸손을 생각할 때 얼마나 놀라운가! 하나님은 신실하시고 변함없는 분이시며, 그분의 말씀은 참되다. 하나님은 약속의 상속자들에게 그분의 약속이 불변함을 더 분명하게 보여주시기 위해 자신이 절대 변하지 않으리라는 약속을 더하신다. "내가 영원한 언약을 그들에게 세우고 나를 떠나지 않게 하리라." 신실하신 하나님의 이 말씀을 철저히 받아들이고 그 영원한 언약 안에 안식하는 사람은 복이 있다!

그런데 언약에는 두 당사자가 있다. 하나님은 신실하시지만, 만약 인간이 신실하지 못하여 그 언약을 파기하면 어떨까? 언약을 확실하게 준수하기 위해서는 그것을 절대 깨뜨릴 수 없다는 규정이 있어야 하고, 이를 충실하게 지켜야 한다. 그러나 인간은 결코 언약을 확실히 준수할 수 없다. 그래서 여기서도 하나님께서 우리가 언약을 감당할 수 있게 도우신다. 하나님은 자기의 백성들을 떠나시지 않으리라는 약속을 주실 뿐 아니라 그분을 경외하는 마음을 주셔서 인간이 하나님에게서 떨어지지 않게 하셨다. 언약의 한 당사자로서 의무에 더하여 다른 당사자의 역할도 담당하신 것이다.

"또 내 영을 너희 속에 두어 너희로 내 율례를 행하게 하리니 너희가 내 규례를 지켜 행할지라"(겔 36:27).

이 말씀을 깨닫는 사람은 복이 있다. 그는 하나님과의 사이에 만든 언약을 지키고 싶어도 계속해서 깨뜨릴 수밖에 없다고 생각하지 않는다. 그는 하나님께서 그분뿐만 아니라 인간을 위해서 유효하다고 말씀하시는 언약을 붙잡는다. 언약을 지키기 위해서 인간이 할 일은 신실하신 하나님이 행하겠다고 약속하신 말씀을 믿고, 자기 백성들에게 반드시 이루신다는 복된 진리를 받아들이는 것이다. "내가 영원한 언약을 그들에게 세우고 나를 떠나지 않게 하리라."

바로 여기에서 하나님으로부터 언약의 유지와 완전한 성취를 위해 택함을 받으신 그리스도께서 언약을 확실히 이루는 복된 사역이 시작된다. 하나님은 아들에게 말씀하셨다.

"너를 세워 백성의 언약과 이방의 빛이 되게 하리니"(사 42:6).

또한 성령께서 증언하셨다.

"하나님의 약속은 얼마든지 그리스도 안에서 예가 되니 그런즉 그로 말미암아 우리가 아멘 하여 하나님께 영광을 돌리게 되느니라"(고후 1:20).

그리스도 안에 거하는 성도는 언약이 가져오는 모든 약속이 성취되리라는 거룩한 확신이 있다.

그리스도는 더 좋은 언약의 보증이 되셨다. 우리의 멜기세덱과 같이 예수님은 더 좋은 언약의 보증이 되셨다(히브리서 7장 참고). 아론과 그의 아들들은 죽었지만 그리스도는 우리에게 하나님께서 살아계심을 증언하신다. 예수님은 영원한 생명의 능력을 가진 대제사장이시다. 그리스도는 영원한 분이시므로 변하지 않는 대제사장이 되신다. 그가 영원히 살아계셔서 중보하심으로 마지막까지 완전히 구원하실 수 있다. 예수 그리스도는 영존하는 분이시므로 언약의 보증이 효력을 발휘한다. 그는 영원히 중재하시므로 완전히 구원하실 수 있다.

모든 순간에 그리스도는 아버지 앞에 거룩하게 서시고, 끊임없는 탄원으로 그의 백성들에게 거룩한 생명의 능력과 축복을 보장하신다. 매 순간 그리스도의 쉼 없는 중재하심으로 거룩한 생명의 능력이 중단 없이 흘러나와 그의 백성들에게 공급된다. 그리스도는 아버지의 은혜를 우리에게 보장해주시기 위해 기도하고, 우리를 그분 앞에 드리기를 쉬지 않으신다. 아버지께서 우리를 늘 돌보시게 하려고 그리스도는 쉬지 않고 일하시고 우리 가운데 아버지를 나타내신다.

히브리인들이 듣는 것이 둔하여 설명을 듣지 못했던 대제사장 멜기세덱의 신비는 부활한 생명의 신비이다(히 5:10-14). 언약의 확실함을 보증하는 그리스도의 영광은 그분의 영원한 생명에 존재한다. 그리스도는 하늘에서 전능한 생명의 신령한 능력으로 일하신다. 그리스도는 영원토록 살아서 기도하신다. 한순간도 그분의 기도가 하늘로 오르지 않는 때가 없이 우리에게 언약의 성취를 보증하신다. 그리스도는 이 땅에서 같은 생명의 능력으로 일하신다.

그분의 기도 응답으로 우리가 언약을 이룰 수 있음을 아버지께 확증하기 위해 천국의 능력이 언제나 흘러 내려온다. 언약의 성취에 어떤 중단도, 한순간의 방해도 없다. 모든 순간에 영생의 능력이 그 속에 있기 때문이다. 그리스도는 영원히, 언제나 살아계셔서 기도하신다. 그분은 모든 시간, 모든 순간에 살아서 축복하신다. 그리스도께서 영원히 살아서 기도하시기에 최대한 온전히, 그리고 완벽히 구원하실 수 있다.

성도여, 와서 어떻게 모든 순간에 예수님 안에 거할 수 있는지 깨달으라. 그분은 영원히 살아계신 대제사장이시므로 당신의 보증이 되기에 그리스도 안에 지속해서 거할 수 있다. 그리스도의 중보로 인해 그 가능성이 차츰 더해진다. "나를 경외함을 그들의 마음에 두어 나를 떠나지 않게 하고"(렘 32:40).

예수님이 언약의 성취를 위해 유효한 보증이 되심으로 단 한순간도 당신에게서 떠나 계실 수 없다. 그리스도께서 당신을 떠나신다면 그분의 책임을 완수하지 못하시는 것이다. 당신의 불신앙으로 그 축복을 깨닫지 못할 수는 있다. 그러나 그리스도는 신실하지 않을 수 없으시다. 그리스도를 생각하고, 그분이 대제사장 되심을 생각하면 그리스도 안에 변함없이 영원히 거하는 삶이 바로 당신 앞에 있음을 믿지 않을 수 없다.

그리스도께서 어떤 분이시며 우리에게 어떤 의미가 되는지 알 때 그분 안에 거하는 것은 그분을 아는 지식이 낳은 자연스럽고 자발적인 일이 된다. 그분의 생명이 우리를 위해 순간순간 끊임없이 아버지로부터 나타나므로 매 순간 그분 안에 거하는 일은 쉽고 간단하다. 우리는 그분과 의식적으로 교제하는 모든 순간에 단지 이렇게 말하면 된다. "예수님, 언약의 보증이요, 우리를 지키시는 영원히 살아계신 구세주여! 주님의 생명 안에 제가 거합니다. 제가 주님 안에 있습니다."

도움이 필요한 모든 순간과 어려움이나 두려움 가운데서도 우리는 여전히 말할 수 있다. "오, 위대하신 대제사장이여! 영원하고 변함없는 능력 안에서 제가 주님 안에 머물러 있습니다."

그분과의 친밀하고 분명한 교제의 시간에 우리가 의무로 주어진 다른 일을 할지라도 그리스도는 여전히 우리의 보증이 되시고, 신령한 능력을 가진 영원한 대제사장이시므로 그분이 마지막까지 우리를 구원하시며, 그분 안에 영원히 거하게 하실 것을 신뢰할 수 있다.

P·a·r·t·06

:
:

기도하며 말씀으로
양식을 삼아라

사랑하는 자들아 만일 우리 마음이 우리를 책망할 것이 없으면

하나님 앞에서 담대함을 얻고 무엇이든지 구하는 바를

그에게서 받나니 이는 우리가 그의 계명을 지키고

그 앞에서 기뻐하시는 것을 행함이라. 요한일서 3:21-22

새벽 아직도 밝기 전에 예수께서 일어나 나가 한적한 곳으로 가사 거기서 기도하시더니. 마가복음 1:35.

이르시되 너희는 따로 한적한 곳에 가서 잠깐 쉬어라 하시니 이는 오고 가는 사람이 많아 음식 먹을 겨를도 없음이라. 마가복음 6:31.

우리의 모범이 되시는 예수님은 은밀한 기도의 삶을 사셨다. 예수님은 사람들과 떨어져서 하나님 아버지와 교제하지 않으면 영혼에 있는 하늘의 생명을 유지하실 수 없었다. 내 안에 있는 하늘의 생명 역시 사람들을 벗어나도록 요구한다. 한순간이 아니라 생명의 근원 되시는 하늘 아버지와 교제할 만한 시간이 필요하다.

예수님의 공생애 초기에 제자들의 관심을 집중시킨 사건이 일어났다. 가버나움에서 이적과 사역으로 정신없이 하루를 보내고 저녁

이 되자 무리가 훨씬 더 불어났다(막 1:21-32). 마을 사람들이 모여들었고 병자가 치료받았으며 귀신이 쫓겨났다. 제자들은 늦게 잠자리에 들었다. 군중 사이에서는 조용하게 은밀한 기도를 할 수 있는 여유가 없었다. 그런데 제자들이 일찍 일어나 보니 예수님이 자리에 안 계셨다. 고요한 밤에 예수님은 혼자만의 장소를 찾아 광야로 나가셨다. 제자들이 그곳을 찾아가 보니 예수님은 여전히 기도하고 계셨다.

예수님은 어째서 이런 기도의 시간이 필요했을까? 아버지께서 그분 안에 거하시지 않았을까? 마음 깊은 곳에서 아버지와의 끊임없는 교제를 누리지 못한 것일까? 아니다. 그런 은밀한 삶은 당연히 예수님의 몫이었다. 하지만 인성의 법칙에 순응해야 하는 그분의 삶은 생명의 근원을 통해 새롭게 충전되어야 했다. 그것에 의존하지 않으면 안 되는 삶이었다. 예수님의 삶은 강하고 진실해서 아버지와의 직접적이고 끊임없는 교제가 단절되는 것을 감당할 수 없었다. 예수님의 삶은 아버지와 더불어, 그리고 아버지 안에서만 존재하고 축복을 누릴 수 있었다.

이것은 우리 모두에게 놀라운 교훈이다. 사람과의 지나친 교제는 영적생활을 침해하고 위험하게 한다. 눈에 보이는 물질적인 것에 영향을 받게 한다. 하나님을 섬기고 사랑을 실천하는 힘마저도 사라지게 한다. 그래서 힘을 쓰지 않으면 다른 이들을 축복할 수 없으니 위로부터 새로워지지 않으면 안 된다. 하나님과의 은밀하고 직접적인 교제를 통해서 재충전해야 한다. 하늘의 것은 지상에 오랫동안 신선하게 유지될 수 없어서 날마다 하늘로부터 새롭게 되어야 한다는 '만나의 법칙'은 여전히 진리이다. 예수님은 우리에게 이렇게 교훈하신다. "나는 날마다 아버지와 은밀하게 교제하지 않으면 안 된다." 우리가 누리는 삶은 예수님의 삶을 닮아서 하늘에, 하나님 안에 감춰져 있다. 날마다 하늘로부터 공급받는 시간이 필요하다. 이 세상에서 하늘의 삶을 살게 하는 능력은 하늘에서만 주어지기 때문이다.

그런데 우리 주님의 기도는 어째서 그렇게 길었을까? 그분의 기도를 들을 수 있다면 올바른 기도를 얼마나 잘 배울 수 있겠는가! 하나님을 찬양할 수밖에 없다. 우리는 기록으로 남은 주님의 기도를 접할 수 있다. 그것을 통해서 그분의 거룩한 모범을 따르는 법을 배울 수 있다. 우리는 대제사장의 기도(요 17장)를 통해서 하늘나라의 깊은 고요 속에서 하나님께 간구하는 음성을 들을 수 있다. 몇 시간 뒤의 겟세마네의 기도로부터는 하나님께 은밀한 문제와 어둠을 털어놓는 모습을 접하게 된다. 이 두 가지 기도 덕분에 우리는 전모를 알 수 있다. 아버지와 아들이 기도를 통해 나누는 교제에는 가장 높은 것과 가장 깊은 것이 드러나기 마련이라는 사실을.

우리는 이 두 가지 기도를 통해서 주님이 아버지를 어떻게 부르셨는지 알 수 있다. 매번 "아버지여! 나의 아버지여!"라고 부르셨다. 그 이름에 기도의 모든 비밀이 자리 잡고 있다. 주님은 자신이 아들

이고 아버지의 사랑을 받고 있다는 사실을 알고 계셨다. 예수님은
그 이름을 갖고서 아버지의 정면에 자기 모습을 드러내셨다. 아버지
의 사랑을 완벽하게 누리는 것이 바로 예수님에게는 더할 나위 없는
필요였고 위대한 축복이었다. 우리 역시 그래야 한다. 기도의 상당
부분을 거룩한 침묵과 믿음의 경배에 할애하면서 하나님께서 자신
을 스스로 계시하시고, 성령님을 통해서 아버지로서 내려다보시며,
내가 하나님의 기쁨이 된다는 사랑스러운 확신을 허락하실 때까지
기다려야 한다.

기도하면서 영혼의 평온함을 누리거나 "아빠 아버지"라고 부르
는 의미를 제대로 인식하지 못하는 사람은 기도의 핵심을 놓친 것이
다. 우리가 하나님의 자녀이고, 아버지께서 가까이 다가와 우리를
즐거워하신다는 성령의 증거가 실제로 이루어지며, 그리하여 우리
가 새 힘을 얻는 것은 다 기도 덕분이다.

> "사랑하는 자들아 만일 우리 마음이 우리를 책망할 것이 없으면
> 하나님 앞에서 담대함을 얻고 무엇이든지 구하는 바를 그에게서
> 받나니 이는 우리가 그의 계명을 지키고 그 앞에서 기뻐하시는
> 것을 행함이라"(요일 3:21-22).

우리는 두 가지 기도를 통해서 예수님이 바라시는 것을 알게 된
다. 하나님이 영화롭게 되는 것 말이다. 예수님은 말씀하신다. "아들

을 영화롭게 하사 아들로 아버지를 영화롭게 하옵소서"(요 17:1). 이것이 바로 모든 기도가 간직해야 할 가장 심오한 정신이다. 오직 하나님의 뜻과 영광을 위한 삶 때문에 자신을 완전히 포기하는 것이다. 예수님이 간구하신 것은 오직 한 가지 목적, 즉 하나님을 영화롭게 하는 일이었다. 이 점에서도 예수님은 역시 우리의 모범이다. 우리는 기도할 때마다 그런 정신을 유지해야 한다. "아버지, 아버지의 자녀를 축복하시고 은혜를 허락하시어 오직 아버지만을 영화롭게 하소서."

우주의 만물은 하나님의 영광을 드러내야 한다. 이런 생각에 감격하고 온통 그것에 사로잡힐 때까지 몸으로 기도하는 사람은 기도의 능력을 얻게 된다. 우리 주님은 하늘나라에서의 사역을 이렇게 소개하셨다.

"너희가 내 이름으로 무엇을 구하든지 내가 행하리니 이는 아버지로 하여금 아들로 말미암아 영광을 받으시게 하려 함이라"(요 14:13).

우리 영혼은 바라는 것을 쏟아내기에 앞서, 먼저 자신을 온전한 번제물로 바쳐서 하나님이 나를 통해 영광을 받으시는 그 유일한 목적을 예수님께 배워야 한다.

그리고 나면 기도의 확실한 근거를 얻게 된다. 하나님께 간구하고 싶은 강렬한 바람과 온전한 자유를 느끼며 예수님이 보여주신 모범, 즉 예수님의 형상 모두를 본받아서 하나님이 영광을 받으시도록 기도하고픈 생각이 든다. 우리가 자신을 포기하고 하나님이 자신의 영광을 위해 해야 할 일을 하시도록 기다리는 일은 끊임없이 새로워지는 기도 덕분이다. 예수님은 하나님의 영광 때문에 철저히 자신을 포기하고 우리의 중재자가 되셨다.

기도할 때 우리가 예수님처럼 오직 하나님의 영광을 구하는 법을 배우고 나면 진정한 중보자가 되어, 자기의 필요를 갖고 보좌로 나아갈 뿐 아니라 다른 이들을 위해서 효과적으로 뜨겁게 기도할 수 있다. 이와 같은 의로운 사람의 기도는 상당한 영향력을 발휘한다. 예수님의 기도에는 "뜻이… 이루어지이다"라는 표현이 있다. 주님은 모든 면에서 다른 형제들처럼 되셨기 때문에 겟세마네에서 우리를 대신해서 직접 기도하신 것이다. 주님은 대제사장의 기도를 통해서 놀라운 축복을 사람들에게 베풀어달라고 간구하신 것이다. 마찬가지로 우리는 예수님의 속죄와 중보의 능력을 의지해서 그것을 되돌려 받아 예수님처럼 기도할 수 있다. 우리는 제사장의 중보기도 덕분에 예수님처럼 될 수 있다. 교회의 일치와 부흥, 그리고 죄인들의 구원은 상당 부분 그 기도를 의지하고 있다.

그리고 기도할 때마다 하나님의 영광을 일차적인 목적으로 삼는 사람이 그렇게 하도록 하나님의 부름을 받았다면 겟세마네의 기도에 필요한 능력을 얻게 된다. 예수님의 모든 기도는 중보기도였다.

예수님은 우리에게 자신을 주셨기 때문이다. 예수님은 우리의 관심을 위해서 간구하고 응답받으셨다. 예수님의 기도에는 모두 자기희생의 정신이 반영되었다. 우리도 다른 사람들을 위해서 자신을 온전히 하나님께 바쳐야 한다. 예수님처럼 우리 역시 일상에서 기도할 때마다 자신을 온전히 하나님께 희생 제물로 바쳐야 한다. 그러면 자기 뜻을 꺾고 눈물과 고통을 겪어야 하는 특별한 행위를 하도록 부름받는 순간을 대비할 수 있다. 일상의 기도를 익힌 사람은 그런 어려움을 감당할 수 있는 능력을 확실히 갖게 된다.

여러분과 내가 예수님처럼 되고 싶다면 예수님이 광야에서 홀로 기도하신 일을 집중적으로 묵상해야 할 필요가 있다. 예수님의 놀라운 삶의 비결이 거기에 있기 때문이다. 예수님은 사람들에게 보여주고 말씀하시기에 앞서 먼저 하나님과 대화하고 함께 행하셨다. 하나님과의 교제 덕분에 성령님의 기름 부음은 날마다 새로워졌다. 말과 행동이 예수님을 닮기 원하는 사람은 예수님을 따라 홀로 있는 것에서 시작해야 한다. 밤에 휴식이나 친구들과 즐기지 못하더라도 하나님과 함께 따로 지내야 한다. 은밀한 골방이나 광야처럼 한적한 곳에서 매일 하나님을 찾고 그분과의 교제를 새롭게 해야 한다. 예수님은 매우 바쁜 일정 가운데서도 이렇게 행하셨다. 예수님이 이렇게 행하셨다면 우리에게는 얼마나 더 필요하겠는가! 예수님이 그렇게 하셨다면 우리 역시 그렇게 행해야 한다.

이것은 예수님의 세례에 관한 기록에서도 확실히 나타난다.

"백성이 다 세례를 받을새 예수도 세례를 받으시고 기도하실 때에 하늘이 열리며 성령이 비둘기 같은 형체로 그의 위에 강림하시더니 하늘로부터 소리가 나기를 너는 내 사랑하는 아들이라. 내가 너를 기뻐하노라 하시니라"(눅 3:21-22).

우리에게도 이와 같은 기도의 축복이 임할 것이다. 하늘이 열리고, 성령이 강림하며, 하나님의 음성이 들리고, 하나님의 사랑과 선한 기쁨에 대한 복된 확신이 생겨날 것이다. 예수님처럼 우리에게도 위로부터 기도의 응답이 임할 것이다. 예수님을 닮은 은밀한 기도는 공공연하게 예수님처럼 살아가는 비결이 될 수 있다. 함께 일어나서 우리의 놀라운 특권을 누려야 한다. 하나님의 임재 앞에 과감히 나아가서 예수님처럼 하나님께 자유롭게 기도하는 것이 바로 우리의 특권이다.

내가 너희와 함께 있을 때에 너희에게 말한 바 곧 모세의 율법과 선지자의 글과 시편에 나를 가리켜 기록된 모든 것이 이루어져야 하리라 한 말이 이것이라 하시고. 누가복음 24:44.

예수님이 이 세상에서 인간의 모습으로 완성하신 일은 성경에 상당 부분 근거하고 있다. 예수님은 걸어가야 할 길과 일하는 데 필요한 양식과 능력, 그리고 모든 원수를 물리칠 수 있는 무기를 성경에서 발견하셨다. 성경은 예수님의 삶과 고난에 있어서 실제로 구분할 수 없을 정도였다. 예수님의 삶은 성경에 기록된 내용을 처음부터 끝까지 성취하신 것이다.

이것에 대해서는 굳이 증거를 제시할 필요가 없다. 광야에서 시험받을 때 예수님은 "기록되었으되"라는 말씀을 통해서 사탄을 물리치셨다(마 4:4). 바리새인과 논쟁하실 때 예수님은 줄곧 말씀을 인용하셨다.

"성경에 무엇이라고 말씀했느냐?"

"읽지 못하였느냐?"

"기록되지 아니하였느냐?"

제자들과 교제하실 때도 예수님은 항상 성경에 근거해서 자신의 고난과 부활의 불가피성을 확실하게 입증하셨다. "내가 만일 그렇게 하면 이런 일이 있으리라 한 성경이 어떻게 이루어지겠느냐 하시더라"(마 26:54). 그리고 최후의 고난을 앞두고서 하나님과 교제하실 때도 예수님은 자신이 버림받는 것에 대한 안타까움을 성경 말씀을 갖고 토로하고 나서 또다시 성경 말씀으로 자신의 영혼을 아버지의 손에 맡기셨다.

이 모두 깊은 의미가 있다. 예수님은 살아 있는 말씀 그 자체였다. 예수님은 성령을 한없이 받으셨다. 기록된 말씀 없이 사역할 수 있다면 예수님이 바로 그런 분이셨다. 하지만 우리가 알고 있는 대로 성경은 예수님의 모든 것이다. 그 누구보다 예수님은 인간의 육신에 속한 하나님의 생명과 인간의 말로 된 하나님의 말씀이 불가분 서로 연계되어 있음을 확실하게 보여주셨다. 예수님이 한 걸음 한 걸음 하나님 말씀의 인도와 지지를 받지 않았다면 자기 모습을 유지하고 제일을 감당하고 자신이 누구인지 보여주시지 못했을 것이다.

우리는 이것의 교훈을 이해해야 한다. 하나님의 말씀은 신적 생명의 씨앗이다. 우리는 씨앗이 무엇인지 알고 있다. 씨앗은 눈으로 볼 수 없는 식물이나 나무의 본질을 형성하는 생명이 농축되어 있어서 나무의 생명을 다른 곳으로 옮길 수 있다. 이것을 이중적으로 해석하면 예컨대 옥수수는 열매가 식량이 된다. 식물의 생명은 영양소가 되어 우리 생명을 유지시킨다. 그렇지 않고 그것을 땅에 심으면 그 식물의 생명이 다시 생겨나고 늘어난다. 이 두 가지 측면에서 볼 때 하나님의 말씀은 곧 씨앗이다.

진정한 생명은 오직 하나님 안에서 찾을 수 있다. 그런데 그 생명은 우리가 알고 이해할 수 있는 어떤 형식으로 주어진다. 눈으로 볼 수 없는 신적 생명은 하나님의 말씀 안에서 형체를 취하고 우리의 손에 닿을 수 있으며 전달이 가능해진다. 하나님의 생명과 생각과 감정과 능력이 하나님의 말씀 안에서 구체화된다. 그리고 하나님의 생명이 실제로 우리에게 들어오는 것은 말씀을 통해서 가능할 뿐이다. 하나님의 말씀은 하늘의 생명을 담고 있는 씨앗이기 때문이다.

우리는 생명의 빵을 먹듯이 그 말씀을 먹는다. 일용할 양식을 먹을 때 우리의 몸은 눈에 보이는 자연이 준비해 준 영양소를 섭취하게 된다. 그것을 섭취하면 그것은 우리 것이 되고 우리 일부가 되며 우리 생명이 된다. 하나님의 말씀을 먹을 때도 그렇다. 하늘 생명의 능력이 우리 안에 들어와서 우리 자신이 된다. 그리고 우리가 그것을 섭취하면 우리 일부가 되고 우리 생명이 된다.

그리고 우리는 씨앗을 심는 데 사용된다. 하나님의 말씀은 우리의 마음에 파종된다. 그 말씀의 씨앗은 재생하고 늘어나는 신적 능력을 지니고 있다. 그 안에 있는 생명과 신적 생각과 기질과 능력이 우리의 마음에 뿌리를 내리고 성장한다. 그래서 말씀이 표현하는 바로 그것이 우리 안에 생기게 된다. 하나님의 말씀은 신적 생명이 풍부한 씨앗이기 때문이다.

예수님이 인간이 되셨을 때 예수님은 하나님의 말씀에 전적으로 의지하셨다. 예수님은 전적으로 그 말씀에 복종하셨다. 묵상과 기도를 통해서 순종과 믿음을 실천함으로써 예수님은 공생애를 준비하는 동안 말씀을 이해하고 적용할 수 있게 되셨다. 아들에게는 아버지의 말씀이 영혼의 생명이었다. 예수님이 광야에서 말씀하신 것은 가장 내밀한 개인적 경험을 밝히신 것이다.

"사람이 떡으로만 살 것이 아니요. 하나님의 입으로부터 나오는 모든 말씀으로 살 것이라"(마 4:4).

예수님은 말씀을 통해 아버지의 생명을 공급받지 않으면 살 수 없음을 알고 계셨다. 예수님의 삶은 믿음의 삶이었고 하나님의 말씀을 의지하는 삶이었다. 말씀은 하나님을 대신하지 않았고, 오히려 살아계신 하나님과 살아 있는 교제를 나누는 도구였다. 그리고 예수님의 정신과 마음이 온통 그 말씀으로 가득했기에 귀를 기울여야 할 올바른 말씀이 매 순간 그분 안에서 활용될 준비가 되어 있었다.

강력한 믿음과 충만한 축복과 말씀으로 풍성한 열매를 맺는 온유한 하나님의 사람이 되고 싶은가? 예수님처럼 말씀으로 양식을 삼아라. 그 말씀이 우리 안에 풍성하게 거하게 하라. 마음을 그 말씀으로 가득 채워라. 그 말씀을 섭취하고 믿고 순종하라. 믿고 순종해야 그 말씀이 내부 깊숙이 들어와 우리 것이 될 수 있다. 날마다 하나님의 입에서 나오는 말씀으로 여기고 말씀을 섭취하라. 그 말씀을 살아계신 하나님의 말씀으로 받아들여라. 언제나 자녀들과 살아 있는 교제를 나누면서 살아 있는 능력으로 말씀하시는 하나님의 말씀으로 받아들여라. 하나님의 뜻과 하나님의 일, 그리고 우리와 세상을 향한 하나님의 목적을 교회나 주위 그리스도인들에게 묻지 말고, 오직 하나님이 주시는 말씀에서 길을 찾아라. 그러면 우리는 우리에 관해서 성경에 기록된 모든 말씀을 성취할 수 있을 것이다.

예수님이 성경을 사용하신 가장 놀라운 사실은 자신이 그곳에 계셨다는 것이다. 예수님은 거기서 자기 자신의 형상과 모습을 확인하셨다. 그래서 예수님은 거기에 기록된 자기 모습이 그대로 성취되도록 자신을 바치셨다. 더할 나위 없는 고통을 겪을 수 있는 용기를 얻고 가장 힘겨운 일을 감당할 능력을 얻은 것도 그 덕분이었다. 예수님은 곳곳에서, 즉 고난에서 영광에 이르기까지 하나님께서 직접 기록하신 신적 표지를 발견하셨다. 전적으로 예수님은 하나님이 말씀하신 모습이 되는 것, 하나님의 말씀에 기록된 자기 모습과 정확하게 일치하는 삶을 사는 것에만 집중하셨다.

우리 역시 자신의 형상을 성경에서 발견할 수 있다. 하나님이 기대하시는 그 모습을 말이다. 하나님이 기대하시는 자기 모습을 하나님의 말씀에서 찾아 깊이 새겨야 한다. 일단 그것을 제대로 파악하게 되면 어떤 어려움이든지 극복할 수 있는 용기를 갖게 된다. 하나님의 말씀인 성경에서 자신에 관해 기록된 내용을 확인했기 때문이다. 하나님의 말씀에서 부름받은 모습을 확인했기 때문이다. 하나님께서 예수님을 닮도록 정해놓으셨다는 것을 알게 되면 세상을 이길 수 있는 믿음을 갖게 된다.

예수님은 자기 모습을 구약의 제도뿐 아니라 구약의 인물들에게서도 발견하셨다. 모세와 아론과 여호수아와 다윗, 그리고 선지자들이 예수님의 모형이었다. 그리고 예수님은 다시 신약성경에서 성도들의 형상이 되셨다. 우리가 성경에서 자기 모습을 볼 때는 예수님과 예수님이 보여주신 모범에 특히 주목해야 한다. "주의 영광을 보매 그와 같은 형상으로 변화하여 영광에서 영광에"(고후 3:18) 이르기 위해서는 성경에 나타나 있는 그 형상을 우리 자기 것으로 바라보아야 한다. 성령님은 우리 안에서 그 일을 이루기 위해 예수님을 우리의 모범으로 삼고, 모든 특징을 우리에게 주어진 약속으로 바라보도록 가르치신다.

진정으로 이것을 실천한 그리스도인은 복이 있다. 성경에서 예수님을 발견했을 뿐 아니라 예수님의 형상에서 자신이 되어야 할 약속과 모범을 확인했기 때문이다. 성경에 관한 사람들의 생각과 성도들의 의견이 아니라 자녀들에 관한 하나님의 생각이 계시된 것에 집중하라는 성령님의 교훈을 따르는 그리스도인은 복이 있다.

예수님은 "성경에 따라서" 살고 죽으셨다. 예수님이 부활하신 것도 성경에 근거한 일이다. 예수님은 성경에 언급된 모든 일을 행하고 겪으셔야 했다. 하나님이 예수님을 위해 하실 것이라고 성경에 약속된 모든 일을 하나님은 행하셨다. 그러므로 우리는 성경에서 하나님의 약속과 바람을 배우는 일에 최선을 다해야 한다. 예수님이 생명의 양식으로 간주하신 성경을 일용할 양식으로 삼아야 한다. 날마다 기쁘게 말씀을 가까이하면서 우리 안에 거하시는 성령님이 말씀을 통해 거룩한 약속을 이룰 것이라고 확신하며 기대해야 한다.

하나님의 말씀은 예외 없이 거룩한 생명과 능력으로 가득하다. 예수님이 사용하셨듯이 성경을 사용하려고 할 때 예수님을 위해 행한 일이 우리에게도 반복될 것이다. 하나님은 말씀에 우리의 삶을 위한 계획을 제시해 두셨다. 우리는 날마다 그 가운데 일부를 거기서 확인할 수 있다. 하나님의 뜻을 이루는 삶을 살고 있다는 확신만큼 사람을 강하게 하고 용기를 안겨주는 것은 없다. 우리가 예수님처럼 자신을 내려놓고 성경을 더없이 귀한 인생의 목표로 삼는다면 성경 안에 우리의 모습을 이미 그려 넣으신 하나님은 성경이 우리 안에서 성취되도록 역사하실 것이다.

누가 누구에게 불만이 있거든 서로 용납하여 피차 용서하되 주께서 너희를 용서하신 것같이 너희도 그리하고. 골로새서 3:13.

은혜의 삶을 사는 우리가 하나님께 받은 일차적인 축복 가운데 하나가 바로 용서이다. 그것은 가장 영광스러운 축복이기도 하다. 옛 삶에서 새 삶으로 바뀌는 전환이고 하나님 사랑의 징표이며 보증이다. 우리는 용서를 통해서 예수님 안에 마련된 모든 영적 선물을 받을 수 있는 자격을 얻게 된다. 구속받은 성도는 이 세상에서나 영원한 곳에서나 자신이 용서받은 죄인이라는 사실을 절대 잊어서는 안 된다. 살아계신 성령님을 통해서 줄곧 새로워지는 하나님의 용서하시는 사랑을 경험하는 일보다 더 강력하게 사랑을 불러일으키고 기쁨을 일깨우며 용기를 북돋아주는 일은 없기 때문이다. 그렇기에 우리는 날마다 하나님을 생각할 때마다 나의 모든 것을 용서하시는 것은 하나님의 은혜 덕분이라는 사실을 기억해야 한다.

이 용서의 사랑은 신적 본성의 표현 가운데 가장 놀라운 일이다. 하나님은 그것으로부터 영광과 축복을 발견하신다. 그리고 하나님은 이 영광과 축복을 구속받은 이들과 함께 나누고 싶어 하신다. 하나님께서 부르실 때 우리는 용서받자마자 그대로 다른 이들에게 베풀어야 한다.

예수님이 용서를 얼마나 자주, 그리고 얼마나 분명하게 말씀하셨는지 관심을 가져본 적이 있는가? 마태복음 6장 12절과 15절, 18장 2절부터 25절, 마가복음 11장 25절을 조심스럽게 읽어보라. 우리에 대한 하나님의 용서와 다른 사람들에 대한 우리의 용서가 얼마나 서로 긴밀하게 결합되어 있는지 알 수 있다. 예수님이 죄의 용서와 회개를 허락하시려고 하늘로 올라가자, 성경은 예수님이 하나님에 대해서 말씀하신 내용을 그대로 반복하고 있다. 예수님처럼 용서하라는 것이다. 서두의 성경 말씀에서 인용했듯이 예수님이 우리를 용서하신 것처럼 우리도 용서해야 한다. 우리는 하나님처럼, 예수님처럼 용서하지 않으면 안 된다.

이것의 근거를 확인하기는 그리 어렵지 않다. 용서의 사랑이 찾아올 때 거기에는 처벌을 피하게 하려는 의도만 있는 것이 아니다. 훨씬 더 많은 내용이 포함되어 있다. 그 사랑은 자신을 위해서 우리를 이끌고 우리를 소유하며 우리 안에 거하려고 한다. 그래서 사랑이 우리를 찾아와서 우리 안에 거하게 되어도 하늘의 성격과 아름다움을 잃어버리지 않는다. 그 사랑은 여전히 용서의 사랑이라서 우리에게, 우리 안에서, 그리고 우리를 통해서 그것을 실행시켜 우리에게 죄를 범한 이들을 용서하게 하려고 한다. 이것이 너무나 확실해서 용서하지 않는 것은 용서받지 못했다는 분명한 표시라는 말을 듣게 되는 것이다.

이기심의 용서와 심판의 면제만 추구하면서 마음과 삶을 다스리기 위해 용서의 사랑을 진심으로 받아들이지 않는 사람은 하나님의 용서를 단 한 번도 실제로 받아본 적이 없음을 증명하는 것이다. 반면에 진정으로 하나님의 용서를 받은 사람은 다른 사람을 용서하는 데서 즐거움을 누린다. 이것은 자신이 하나님의 용서를 받았다는 믿음이 현실이라는 사실을 지속해서 확증하는 일이다. 예수님께 용서받는 것과 예수님처럼 다른 사람에게 용서를 베푸는 일은 둘이면서도 실제로는 하나이다. 성경과 교회는 그렇게 교훈한다.

그런데 그리스도인의 삶과 경험은 어느 수준인가? 성경에 기록된 것을 거의 모르거나, 또는 그것을 알고 있어도 죄인에게 기대할 수 있는 것 이상은 생각할 수 없는 사람들이 대부분이다. 성경의 내용에 전체적으로 동의한다고 생각하면서도 구체적인 상황에 놓이게 되면 그럴 수밖에 없는 구실을 찾는 사람들이 얼마나 많은지 알 수 없다. 세상 사람들은 악행을 반복한다. 악인은 해를 입힌 사람을 절대 용서하려 하지 않는다. 널리 알려진 상당수의 그리스도인이 용서하지 않고 변명만 늘어놓는다.

하지만 우리에게 주어진 명령은 아주 단순하고, 처벌 역시 엄격하다. 그래서 성경은 말씀한다.

"서로 친절하게 하며 불쌍히 여기며 서로 용서하기를 하나님이 그리스도 안에서 너희를 용서하심과 같이 하라"(엡 4:32).
"너희가 각각 마음으로부터 형제를 용서하지 아니하면 나의 하늘 아버지께서도 너희에게 이와 같이 하시리라"(마 18:35).

인간의 논리는 하나님의 말씀을 무력화시킨다. 하나님께서 용서의 사랑으로 악을 정복하시고, 그래서 일곱 번씩 일흔 번이라도 용서하시는 사랑이 사실이 아닌 듯 행동한다. 악인이 해를 입힌 것이 아니라 예수님이 행하신 일이 행동규범이 될 만큼 분명하지 않은 것처럼 행동한다. 예수님이 아니라 경건한 그리스도인을 모범으로 따르는 일이 진정으로 죄를 용서받은 표시인 것처럼 행동한다.

용서하는 사랑의 법을 심각하게 위반하지 않은 교회와 성도들의 모임은 어디에 있을까? 교회의 모임이나 자선행사는 물론이고 일상적인 친교모임, 심지어 가정생활에서까지 예수님처럼 용서하라는 부름을 삶의 규범으로 삼지 않는 경우가 얼마나 많은지 알 수 없다. 의견이 다르고, 옳다고 생각하는 행동과 어긋나고, 사실이든 오해든 간에 무시당하여서, 또는 불친절하고 생각이 깊지 않은 말 때문에 분함과 모멸감과 소외감을 느낄 때 우리는 예수님처럼 사랑하고 용서하며 간단하게 넘기지 못한다. 화를 내거나 마음에 분을 품고, 때로는 죄를 짓게 된다. 이것은 동정과 사랑, 용서의 법칙의 중요성이 마음과 정신을 사로잡지 못했기 때문이다. 그러므로 우리는 머리와 지체의 관계에 근거한 그 법칙이 지체 간의 전체 관계를 지배하게 해야 한다.

예수님의 사랑을 받은 우리는 세상에 그분의 모습을 드러내도록 부름을 받았다. 예수님이 제일 먼저 하신 일은 우리의 죄를 용서하신 일이다. 우리는 그런 예수님을 통해 다른 사람을 용서하는 일이 가장 중요하다는 사실을 배워야 한다. 그리고 마음이 새로워지면 용서받는 일보다 훨씬 커다란 기쁨이 있음을 기억해야 한다. 다른 사람을 용서하는 기쁨이 바로 그것이다. 용서하는 기쁨은 그리스도의 기쁨이고 하늘의 기쁨이다. 우리가 참여하도록 부름받은 것은 예수님이 직접 행하신 일이고, 예수님이 직접 만족을 얻으시는 기쁨이라는 사실을 알아야 한다.

그렇게 할 때 우리는 세상을 축복할 수 있다. 예수님은 용서를 통해서 원수를 정복하셨고, 용서를 통해서 친구들을 자신에게 묶으셨다. 예수님이 자신의 나라를 세우고 계속해서 확장해 나가시는 것도 바로 용서 덕분이다. 교회가 세상에 하나님의 사랑을 확신시키는 것도 같은 용서의 사랑 덕분이다. 그 사랑을 말로 전할 뿐 아니라 제자들의 삶으로 보여줌으로써 그렇게 하는 것이다. 예수님처럼 사랑하고 용서하는 그리스도인들을 보면 세상은 하나님이 진정으로 그들과 함께하신다는 것을 고백하지 않을 수 없을 것이다.

그러나 여전히 그 일이 너무 어렵고 높은 일처럼 생각되면 우리가 아직도 타고난 성품을 따르기 때문이라는 사실을 기억해야 한다. 죄에 물든 본성은 이런 기쁨을 맛보거나 그것에 도달할 수 없다. 하지만 예수님과 하나가 될 때 가능하다. 예수님 안에 거하는 사람은 그분처럼 행할 수 있다. 무엇을 하든지 예수님을 따르려고 자신을 포기하면 예수님은 성령을 통해 그렇게 할 수 있도록 만들어 주신다. 그러므로 우리는 시험에 들기 전에 예수님을 바라보면서 하늘의 아름다움이 담긴 그분의 사랑을 모범으로 삼아야 한다.

"우리가 다 수건을 벗은 얼굴로 거울을 보는 것 같이 주의 영광을 보매 그와 같은 형상으로 변화하여 영광에서 영광에 이르니 곧 주의 영으로 말미암음이니라"(고후 3:18).

하나님께 간구하거나 감사할 때마다 영광스러운 그분의 이름을 위해서 용서의 사랑을 주변 모두에게 드러내겠다고 서원하라. 다른 사람을 용서하는 문제에 직면하기 전에 우리의 마음을 예수님을 향한 사랑으로, 형제를 향한 사랑으로, 그리고 원수를 향한 사랑으로 채워라. 사랑으로 충만한 마음은 용서할 수 있는 축복을 누리게 된다. 일상의 사소한 일 때문에 용서하고 싶지 않은 시험이 찾아올 때마다 하나님의 용서하는 사랑을 얼마나 진정으로 기꺼이 받아들이고 있는지 보여줄 기회로 삼아라. 그 사랑의 아름다운 빛이 우리를 통해서 다른 이들에게 전해진다는 사실이 얼마나 즐거운 일인지 경험하게 될 것이다. 그래서 우리가 사랑하는 주님의 모습을 드러낼수 있다면 이 얼마나 놀라운 특권이란 말인가!

우리가 다 수건을 벗은 얼굴로 거울을 보는 것같이 주의 영광을 보
매 그와 같은 형상으로 변화하여 영광에서 영광에 이르니 곧 주의
영으로 말미암음이니라. 고린도후서 3:18.

모세는 하나님과 교제하면서 40일을 산에서 지냈다. 그가 내려
오자, 얼굴에서 하나님의 영광이 빛났다. 그는 알지 못했지만 아론
과 사람들은 볼 수 있었다. 하나님의 영광이 너무 분명해서 아론과
사람들은 모세에게 접근하기를 두려워했다. "아론과 온 이스라엘 자
손이 모세를 볼 때에 모세의 얼굴 피부에 광채가 남을 보고 그에게
가까이하기를 두려워하더니"(출 34:30).

여기서 우리는 신약성경에 등장하는 한 가지 모습을 접하게 된
다. 모세가 홀로 누리던 특권은 모든 성도의 특권이 되었다는 사실

이다. 우리가 성경이라는 거울에 비치는 예수님의 영광을 바라볼 때 그분의 영광은 우리를 비추고, 또다시 우리를 통해서 나가게 된다. 예수님의 영광을 바라볼 때 우리는 성령님 덕분에 그분과 같은 모습으로 변화된다. 예수님을 바라보면 예수님처럼 된다.

눈이 사람의 정신과 성품에 상당한 영향력을 끼치는 것이 자연의 법칙이다. 어린이의 교육은 대부분 눈으로 이루어진다. 줄곧 눈으로 바라보는 주변 사람들의 태도와 습관으로부터 상당 부분 영향을 받는다. 우리의 성품을 제대로 형성하도록 하늘 아버지는 예수님의 얼굴을 통해서 거룩한 영광을 보여주신다. 그렇게 할 때 같은 모습을 갖게 된다는 사실을 하나님은 알고 계시기 때문이다. 예수님을 닮고 싶은 사람은 누구든지 이 방법에 주목해야 한다. 그리고 예수님 안에서 볼 수 있는 하나님의 영광을 계속해서 바라보아야 한다.

그렇다면 그 영광의 특징은 무엇인가? 그것은 신적인 완전이 인간의 형상으로 나타나는 것이다. 그렇다면 예수님 안에 있는 신적 영광의 모습 가운데 대표적인 특징은 무엇인가? 그것은 예수님의 '낮아짐'과 '사랑'이다.

예수님의 낮아짐은 영광이다. 영원한 아들이 자기를 비워서 사람이 되었다는 것과 사람으로 자기 자신을 낮춰 종의 모습을 취하고 십자가에 죽기까지 복종하신 겸손을 알게 되면 하나님의 더할 나위 없는 영광을 목격한 것이다. 하나님이 창조주로서 행사하는 전능하신 능력과 왕으로서 갖는 거룩한 영광은 이것만큼 대단하지 못하다.

이 낮아짐의 영광은 스스로 종이 되어 하나님과 사람을 섬기는 은혜의 영광이다.

우리는 이 낮아짐을 진정한 영광으로 바라보는 방법을 익혀야 한다. 예수님처럼 낮아지는 것을 세상에서 영광스러운 이름에 부응하는 유일한 일로 간주해야 한다. 우리의 눈에 이것은 그 무엇보다 아름답고, 그 무엇보다 놀라우며 상상할 수 있는 것 — 바라보거나 생각하는 즐거움 — 가운데 그 무엇보다 바람직해야 한다. 그렇게 그것을 바라보고 감탄하면 이 세상에서 예수님처럼 되고, 그렇게 행동하는 것보다 더 영광스러운 일을 생각할 수 없게 된다. 우리 주님처럼 낮아지고 싶어질 것이다. 예수님을 바라보고, 예수님을 찬양하면서 따라가면 우리 안에 예수님과 같은 마음이 생겨나서 그분과 같은 모습으로 바뀌게 된다.

예수님의 영광스러운 사랑은 이것과 분리할 수 없다. 낮아짐은 사랑으로 다시 돌아가게 한다. 낮아짐은 사랑에서 생겨나고 힘을 얻는다. 낮아짐이 아름다운 것은 사랑 때문이다. 사랑은 하나님의 더할 나위 없이 커다란 영광이다. 하지만 이 사랑은 그리스도 예수 안에서 모습을 드러낼 때까지 감추어진 신비였다. 신적인 사랑의 영광이 처음 드러난 것은 인간이 되신 예수님이 사람들, 즉 어리석고 죄많고 적대적인 사람들과 온유하고 자비롭고 다정한 사귐을 통해서 가능하게 된 일이다. 잠시라도 이 영광을 바라보고 예수님처럼 사랑하는 것이 영광스러운 이름에 어울리는 유일한 일임을 깨달은 영혼은 이 점에서 예수님처럼 되기를 갈망할 것이다. 또한 예수님 안에 있는 이 영광스러운 하나님의 사랑을 바라보면서 같은 모습으로 바뀌게 될 것이다.

예수님을 닮고 싶은가? 여기에 길이 있다. 예수님 안에 있는 하나님의 영광을 바라보면 된다. 예수님 안에 있는 영광 말이다. 예수님의 영광이 드러난 말과 생각과 은혜뿐 아니라 살아계신 사랑스러운 예수님 자신을 바라보면 된다. 예수님을 바라보고 그분의 눈을 바라보라. 예수님의 얼굴을 바라보면 사랑스러운 친구, 살아계신 하나님을 보게 될 것이다. 경배하며 예수님을 바라보라. 하나님이신 예수님 앞에 엎드려라. 예수님의 영광은 강력하고 살아 있는 능력이 있어 그것을 나누어주고 전달해주며 채워주실 것이다.

믿음으로 예수님을 바라보라. 예수님이 우리 것이고, 예수님이 자신을 우리에게 주셨고, 예수님 안에 있는 모든 것이 우리 몫이라는 복된 믿음을 실천하라. 예수님의 형상을 우리 안에서 이루어가는 것이 주님의 목적이다. 예수님에게서 볼 수 있는 영광이 임할 것이라는 기쁘고 확실한 기대를 하고서 바라보라. 예수님은 그렇게 하실 것이다. 바라보고 놀라고 믿는 순간에 예수님처럼 될 것이다.

강한 바람을 갖고서 예수님을 바라보라. 우리 주님께 온전히 순종하지 못하는 육신의 게으름에 굴복해서는 안 된다. 지금까지 이룬 것에 만족하는 모든 육체적인 것을 멀리하고 하나님의 영광에 대해 깊고 억제할 수 없는 갈망을 채워달라고 기도하라. "주의 영광을 내게 보이소서"(출 33:18)라는 모세의 기도를 본받아서 더할 나위 없이 간절하게 기도하라. 진전이 없어도 절대 낙심하지 말라.

다음의 말씀이 우리를 붙들고 있다는 복된 사실을 생각하면서 더욱 간절히 앞으로 나아가라. "우리가… 그와 같은 형상으로 변화하여 영광에서 영광에 이르니 곧 주의 영으로 말미암음이니라." 이 영은 우리 주 예수님 안에 있었고 신적 영광이 머물면서 주님을 비추던 그 영을 거론하는 것이다. 이 영은 "영광의 영"(벧전 4:14)이라고 부른다. 그런데 이 영은 예수님처럼 우리 안에도 계신다. 이 영의 역할은 말없이 찬양하며 묵상할 때 우리가 볼 수 있는 주님의 모습을 가져와서 우리 안에서 움직이게 하는 것이다. 우리는 이 영을 통해서 이미 예수님의 생명을 모든 은총의 선물과 함께 소유하고 있다.

하지만 그 생명은 자극받으면서 성장해야 한다. 자라나야 하고, 우리 존재의 일부가 되어야 하며, 우리 성품을 모두 지배해야 하고, 침투해서 두루 퍼져나가야 한다. 우리를 내려놓고 순종하기만 하면 이런 일이 가능하도록 성령님을 의지할 수 있다. 말씀을 통해서 예수님을 바라보면 눈이 열려서 주님이 행하시는 모든 영광된 일을 바라볼 수 있게 된다. 예수님처럼 되고 싶은 마음을 갖게 된다. 우리의 믿음을 강하게 하시고 예수님에게서 볼 수 있는 것이 우리 안에서 가능하게 하신다. 예수님 자신이 우리의 소유가 되기 때문이다.

성령님은 예수님 안에 거하는 생명을 우리 안에서 부단히 움직이게 하여 그분과 진심으로 연합하고 소통하게 하신다. 이것은 다음의 약속에 근거하고 있다. "그(성령)가 내 영광을 나타내리니 내 것을 가지고 너희에게 알리시겠음이라"(요 16:14). 우리는 주님의 영이 인도하시는 대로 영광에서 영광에 이르기까지 바라보고 또 바라보면 그 형상으로 변화될 수 있다. 우리는 성령이 충만하게 주어졌다는 사실만 이해하면 된다. 성령 충만을 믿고 복종하는 사람은 예수님의 형상과 모습을 영혼과 삶에 각인시키는 일을 완수하는 것이 예수님께 얼마나 큰 영광인지 경험하게 된다.

우리는 예수 그리스도와 그분의 영광을 바라볼 때 예수님처럼 될 수 있다고 확신할 수 있다. 조용히 안식을 누리면서 영혼을 성령님의 인도하심에 맡겨라.

"너희가 그리스도의 이름으로 치욕을 당하면 복 있는 자로다. 영광의 영 곧 하나님의 영이 너희 위에 계심이라"(벧전 4:14).

예수님 안에서 하나님의 영광을 바라보며 찬양하라. 신적 능력으로 영광에서 영광에 이르기까지 변화될 것이다. 성령님의 능력으로 놀라운 변화가 일어나고 우리의 바람이 성취되고 예수님처럼 하나님이 허락하신 삶을 경험하게 될 것이다.

주님은 대제사장의 기도를 통해서 놀라운 축복을

사람들에게 베풀어달라고 간구하신 것이다.

마찬가지로 우리는 예수님의 속죄와 중보의 능력을 의지해서

그것을 되돌려 받아 예수님처럼 기도할 수 있다.

우리는 제사장의 중보기도 덕분에 예수님처럼 될 수 있다.

온유함으로 하나님을
영화롭게 하라

내가 너희 가운데 거할 때에 약하고 두려워하고

심히 떨었노라. 내 말과 내 전도함이

설득력 있는 지혜의 말로 하지 아니하고

다만 성령의 나타나심과 능력으로 하여. 고린도전서 2:3-4

시온 딸에게 이르기를 네 왕이 네게 임하나니 그는 겸손하여 나귀
곧 멍에 메는 짐승의 새끼를 탔도다. 마태복음 21:5.

나는 마음이 온유하고 겸손하니 나의 멍에를 메고 내게 배우라. 그
리하면 너희 마음이 쉼을 얻으리니. 마태복음 11:29.

이 두 개의 말씀 가운데 첫 번째 말씀은 십자가의 길을 가시는 예
수님을 묘사하고 있다. 예수님의 온유함은 특히 고난 속에서 드러났
다. 십자가 그늘 밑에서 우리의 죄를 위해 죽임을 당하신 어린양으
로서 예수님이 행하는 일 가운데는 우리가 그분의 모습을 감당하고
날마다 그분처럼 되는 것이 포함되어 있다. 우리는 예수님처럼 온유
하고 겸손해질 수 있다.

온유함은 엄격하거나 혹독하거나 날카로운 일과는 아예 다르다.

그것은 우리보다 못한 이들을 동정하게 하는 성향을 가리킨다. 사역자들은 자기와 맞서는 이들을 온유함으로 교훈하고 잘못을 저지른 이들을 가르쳐서 돌이키게 해야 한다(갈 6:1, 딤후 2:25). 온유함은 윗사람들에 대한 성향을 표현하기도 한다. 우리는 "마음에 심어진 말씀을 온유함으로" 받아야 한다(약 1:21). 아내가 남편에게 복종해야 한다면 온유하고 정돈된 생각으로 그렇게 해야 한다. 그것이 하나님이 보시기에 큰 가치가 있다(벧전 3장). 성령의 열매 가운데 하나인 온유함은 동료 그리스도인들과의 일상적인 교제의 모든 상징이 되고, 우리가 만나는 모든 이들까지 대상이 되어야 한다(엡 4:2, 갈 5:22, 골 3:12, 딛 3:2). 성경은 온유함과 겸손을 함께 거론한다. 겸손이 다른 이들에게 온유함을 발휘하게 하는 내적 성향이기 때문이다.

영혼들을 사랑하고, 다른 이들의 구원을 위해 섬기며, 그리고 하나님의 뜻을 위해 열심을 지닌 예수님의 제자들이 많이 눈에 띄지만, 이것은 아직 부족하다. 이런 일은 그들이 예상하지 못한 공격을 받거나 상처를 입을 때 벌어진다. 집에서나 밖에서 흥분과 분노를 참지 못하고서 영혼의 온전한 안식을 잃어버렸다고 고백하게 된다. 어쩌면 이보다 더 간절하게 기도한 덕목도 없을지 모른다. 배우자와 자녀와 우리를 돕는 이들을 상대로, 그리고 사업을 진행하는 과정에서 늘 감정을 절제하고 예수님의 온유함과 상냥함을 보여줄 수 있다면 무엇이든 하고 싶어 한다. 그것을 갈망하면서도 온유함의 비밀을 발견하지 못한 이들이 겪는 실망과 좌절은 말로 다 할 수 없을 정도이다.

일부는 온유함을 발휘하는 데 필수적인 자기조절이 불가능해서 — 이런 축복은 타고난 성품을 지닌 사람들에게만 해당하는 일이라서 — 그것을 기대하는 자신의 성격과는 전혀 어울리지 않는다고 자신을 위로하기도 한다. 그리고 스스로 만족을 위해 온갖 구실을 다 찾는다. "그렇게 무례하게 대할 생각은 없었습니다. 말이나 성격이 까칠해도 마음으로는 여전히 사랑합니다. 너무 상냥한 것도 문제입니다. 그 때문에 악이 조장될 수도 있기 때문입니다." 그렇게 해서 하나님의 어린양이 보여주신 거룩한 상냥함을 그대로 닮으라는 부름은 완전히 힘을 잃어버린다.

그리고 그리스도인들도 결국에는 다른 이들과 차이가 없다는 믿음이 세상에 더욱 굳게 자리 잡게 된다. 실제로 말은 하지만 예수님이 자신의 형상대로 마음과 삶을 변화시킨다는 것을 보여주지 못한다. 덕분에 영혼은 자신에게 상처를 입히고 그리스도의 교회에 말할 수 없는 해를 끼치게 된다. 하나님의 형상을 지니고 드러내는 이 놀라운 구원의 축복을 적용하는 데 충실하지 못했기 때문이다.

이 은총은 하나님이 아주 높게 평가하신다. 구약성경에는 온유한 이들에 대한 영광스러운 약속이 자주 등장한다. 우리 주 예수님은 그것들(시 25:9, 76:9, 잠 3:34)을 묶어서 이렇게 말씀하셨다.

"온유한 자는 복이 있나니 그들이 땅을 기업으로 받을 것임이요"
(마 5:3).

신약성경은 초자연적이고 비교할 수 없이 아름다운 우리 주님의 모습이 온유함 덕분이라고 찬양한다. 하나님은 온유한 영혼을 아주 높게 평가하신다. 온유함은 사랑스러운 아들의 훌륭한 장식이다. 아버지는 자녀들에게 무엇보다 온유함을 따르도록 권면하신다.

이런 정신을 소유하려고 하는 모든 사람에게 예수님은 위로와 격려를 가득 담아서 말씀하신다. "나는 마음이 온유하고 겸손하니 나의 멍에를 메고 내게 배우라." 그렇다면 주님의 온유한 성품을 배우는 일이 우리에게 어떤 유익이 될까? 주님의 온유함을 경험하면 그것이 내게 없다는 사실을 발견하고 고통이 훨씬 더 커지지 않을까? 우리가 예수님께 간구하는 기도는 우리가 어떻게 해야 온유해질 수 있는가 하는 것이다. 대답은 달라지지 않는다. "나는 마음이 온유하니 내게 배우라."

우리는 온유함과 예수님의 다른 은총을 우리가 실천하기에 앞서 자랑할 선물로 간주하는 위험에 처해 있다. 이것은 믿음의 길이 아니다. "모세는… 얼굴 피부에 광채가 나나 깨닫지 못하였더라"(출 34:29). 그는 하나님의 영광만 바라보았다. 온유함을 추구하는 영혼은 예수님의 온유함을 배워야 한다. 우리는 마음에 감동이 가득할 때까지 주님의 온유함을 바라보는 시간을 가져야 한다. 그분만이 온유하시다. 그분과 홀로 있을 때만 온유함을 접할 수 있다.

이 사실을 깨닫기 시작하면 이렇게 온유하신 분이 구세주이신 예수님이라는 진리를 마음에 새기게 된다. 예수님의 모든 모습, 예수님이 지니신 모든 것이 구속받은 사람들의 몫이다. 예수님의 온유함이 우리에게 전달되어야 한다. 그런데 그분은 무엇인가를 던지듯이 우리에게 나눠주시지 않는다. 그렇다. 오직 주님만이 온유하시다는 사실을 배워야 한다. 예수님이 우리 안에 들어오셔서 마음과 삶을 소유하실 때 비로소 우리는 온유함을 갖게 된다. 예수님의 온유함 덕분에 우리가 온유할 수 있게 되는 것이다.

우리는 예수님이 이 세상에 계실 때 제자들을 온유하고 겸손하게 하려고 노력하셨지만 크게 성공하지 못한 사실을 알고 있다. 그것은 주님이 새로운 생명을 얻기 전이고 부활을 통해서 성령님을 주실 수 없었기 때문이다. 하지만 이제는 가능한 일이다. 그 후로 예수님은 하나님의 능력을 갖고서 우리의 마음을 통치하시고, 원수를 모두 정복하시며, 우리 안에서 거룩한 삶을 지속하게 하신다. 예수님은 지상에 계실 때 눈으로 볼 수 있는 모범이었다. 우리는 하늘로부터 주어지고, 또 예수님이 직접 우리 안에서 이루실 감추어진 생명이 무엇인지 확인할 수 있다.

"나는 마음이 온유하고 겸손하니 나의 멍에를 메고 내게 배우라." 구속받은 이들이 감정을 억제하기 어렵다는 온갖 우울한 불평에 대한 우리 주님의 답변이 귓가에 쉬지 않고 맴돈다. 우리의 생명과 능력, 온유하고 겸손하신 예수님이 자신의 온유함을 전적으로 자신에게 속한 우리에게 나눠주시지 않을 이유가 있을까?

그러니 오직 믿음밖에는 없다. 예수님이 온유한 영으로 우리의 마음을 채울 수 있다고 믿어야 한다. 예수님이 직접 자신의 영을 통해서 애써도 해낼 수 없었던 일을 우리 안에서 감당하신다고 믿어야 한다.

"보라. 네 왕이 네게 임하시나니 그는 공의로우시며 구원을 베푸시며 겸손하여서"(슥 9:9).

예수님을 맞아들이고 마음에 거하시게 하라. 주님 자신을 계시하시기를 기대하라. 모든 것이 여기에 달렸다. 예수님의 온유함과 겸손한 마음을 익히면 우리의 영혼은 안식을 누리게 될 것이다.

예수께서 성령의 충만함을 입어 요단강에서 돌아오사 광야에서 사
십 일 동안 성령에게 이끌리시며. 누가복음 4:1.

오직 성령으로 충만함을 받으라. 에베소서 5:18.

무릇 하나님의 영으로 인도함을 받는 사람은 곧 하나님의 아들이라.
로마서 8:14.

예수님은 태어나실 때부터 성령님이 그 안에 거하셨다. 하지만
예수님은 성령님을 통해서 아버지와 특별한 의사소통이 필요한 때
도 있었다. 그래서 예수님이 세례를 받으실 때 그런 일이 이루어진
것이다. 성령님이 예수님께 내려오신 것, 즉 물세례와 함께 주어진
성령 세례는 진정한 소통이었다. 예수님은 성령으로 충만하셨다. 요
단강에서 성령이 충만해서 돌아오신 예수님은 어느 때보다 성령님

의 인도하심을 더 확실하게 경험하셨다. 예수님은 광야에서 신적 능력이 아니라 성령님으로부터 능력을 받고 인도하심을 받은 사람으로서 씨름하셨고 정복하셨다. 이것은 "그가 범사에 형제들과 같이 되심이 마땅하도다"(히 2:17)라는 말씀과 같았다.

이 진리를 뒤집어도 역시 같은 의미이다. 이것은 "형제들이 범사에 주와 같이 됨이 마땅하며 그들은 주님처럼 살도록 부름을 받았다. 그런 능력이 없다면 이런 요구도 불가능하며 이 능력은 우리 안에 머무는 성령님, 곧 우리가 하나님으로 모시는 분이다. 예수님이 성령이 충만해서 인도하심을 받은 것처럼 우리 역시 성령으로 충만해지고 인도하심을 받아야 마땅하다"는 것이다.

예수님 성품의 다른 특징들을 묵상하다 보면 그분을 닮는다는 것이 거의 불가능하다는 생각을 자주 하게 된다. 우리는 그런 삶을 거의 살지 못했다. 그렇게 살 수 없을 것 같은 느낌을 받는다. 하지만 용기를 가져야 한다. 예수님 자신도 성령님을 통해서 그렇게 살 수 있었다. 예수님은 성령으로 충만해지고 나서 성령님의 인도하심을 받아 갈등과 승리의 현장으로 가셨다. 그리고 이 축복은 예수님만큼이나 우리 것이 되었다. 우리는 성령으로 충만해질 수 있다. 성령님의 인도하심을 받을 수 있다.

예수님은 우리가 살아가는 방법에 대한 모범을 보여주시려고, 직접 성령 세례를 받고 자신을 닮도록 세례를 주시려고 하늘로 올라가셨다. 예수님을 닮고 싶은 사람은 바로 여기서 출발해야 한다. 성령 세례를 받아야 한다. 하나님은 자녀에게 요구하시기 전에 먼저 주신다. 하나님은 예수님의 경우처럼 성령 충만을 허락하셨기 때문에 예수님을 전적으로 닮도록 요구하신다. 그러므로 우리는 성령으로 충만해야 한다.

예수님을 본받고 닮아야 한다는 교훈을 그리스도의 교회에서 거의 확인할 수 없는 이유가 바로 여기에 있다. 사람들이 성령님의 역사를 크게 의지하지 않고 자기 능력을 활용하려고 하기 때문이다. 그들은 성령 충만이 필요하다는 사실을 이해하지 못한다. 진정으로 예수님께 순종하는 삶을 기대할 수 없다고 생각하는 일도 당연하다. 성령 충만을 잘못 생각하기 때문이다. 성령 충만을 일부의 특권으로 생각하고 하나님의 모든 자녀의 소명이나 의무로 간주하지 않는 것이다. "오직 성령으로 충만함을 받으라"는 말씀이 모든 그리스도인에게 주어진 명령이라는 사실을 제대로 깨닫지 못한 것이다.

교회가 먼저 물세례를 주고 예수님이 구세주로서 자신을 믿는 각 사람에게 성령 세례를 줄 때 비로소 예수님을 닮는 것을 추구하고 완성하게 된다. 그러면 우리는 예수님처럼 성령의 인도하심을 받으려면 성령 충만해야 한다는 사실을 이해하고 인정하게 될 것이다. 진정한 그리스도인, 즉 그리스도와 같은 삶을 사는 데 절대적으로 필요한 것이 바로 성령 충만이다.

거기에 도달하는 방법은 간단하다. 성령 세례를 주시는 분은 예수님이시다. 그것을 기대하면서 예수님께 나오는 사람은 얻게 된다.

예수님이 우리에게 원하시는 바는 예수님이 주시는 것을 받을 수 있도록 믿음으로 복종하는 일이다. 믿음의 복종 말이다.

예수님은 우리가 주님의 발자취를 간절히 따르고, 또 이것 때문에 성령 세례를 바라는지를 묻고 계신다. 우리는 조금도 망설임 없이 대답해야 한다. 그리고 주님의 사랑과 성령의 영광스러운 약속을 돌아보아야 한다. "이와 같이 너희도"라는 말씀은 복된 특권이다. 예수님도 범사에 자신을 닮는 문제를 놓고 기도하셨다는 사실을 기억하라. "내게 주신 영광을 내가 그들에게 주었사오니"(요 17:22).

우리는 예수님에 대한 사랑과 그분을 기쁘게 하려는 진정한 바람이 예수님처럼 되는 하늘의 특권임을 경시하지 않도록 어떻게 호소하는지 생각해야 한다. 예수님이 우리를 위해 피로 값을 치른 거룩한 소유권을 인정해야 한다. 그럴 때 그 어느 것도 이런 대답을 가로막지 못할 것이다. "사랑의 주님, 이 세상의 자녀들이 허락된 만큼 주님을 닮겠습니다. 저의 모든 것은 주님의 소유입니다. 범사에 주님의 형상을 지니는 것이 마땅하고, 또 그렇게 하겠습니다. 성령 충만을 간구하는 것도 바로 이 때문입니다."

믿음의 순종, 바로 이것을 우리 주님은 바라신다. 우리는 주님의 요구에 부응해야 한다. 범사에 예수님을 닮으려고 자신을 내려놓고서 그분이 받아주실 것을 말없이 믿기만 하면 즉시 성령님이 은밀하게 우리 안에서 강력하게 역사하시기 시작할 것이다. 그것을 즉시 경험하지 못해도 믿어야 한다. 성령 충만을 받으려면 믿음을 갖고 우리 주님을 기다려야 한다. 우리가 알고 있는 것보다 주님은 더 많은 사랑을 베풀고 싶어 하신다는 사실을 의지해야 한다. 이렇게 확신하면서 스스로 복종해야 한다. 그리고 이런 믿음의 복종이 온전해야 한다.

예수님을 따르는 근본적인 법은 이것이다.

"누구든지 제 목숨을 구원하고자 하면 잃을 것이요. 누구든지 나를 위하여 제 목숨을 잃으면 찾으리라"(마 16:25).

성령님은 찾아오셔서 옛 습관을 가져가는 대신에 예수님의 생명을 우리 안에 허락하셨다. 직접 일하고, 직접 지켜보는 옛 습관을 포기하고 숨 쉬는 공기가 매 순간 우리의 삶을 새롭게 하듯이 성령님이 계속 자연스럽게 우리의 삶을 새롭게 하신다는 것을 믿어야 한다. 우리 안에서 진행되는 성령님의 역사는 끊어지거나 중단되지 않는다. 우리는 중요한 공기와 같은 성령님 안에 있고 성령님은 생명의 호흡처럼 우리 안에 계신다. 하나님은 성령님을 통해 자신의 선한 뜻에 따라 생각하고 실천하도록 우리 안에서 역사하신다.

우리는 성령님이 내주하여 역사하시는 일에 크게 감사해야 한다. 성령님을 통해 우리 안에서 역사하셔서 매 순간 예수님의 삶과 형상을 따르게 하는 하나님의 능력을 믿어야 한다. 성령님이 아주 조용히 예수님을 우리에게 전하시는 자신의 사명을 잊지 않는다고 굳게 확신하고 예수님과 그분의 삶에 집중해야 한다. 그 삶은 동시에 우리의 모범이고 능력이 된다. 예수님 덕분에 성령 충만이 우리 몫이 된다는 사실을 기억해야 한다. 이것이 바로 우리가 믿음으로 받아서 소유한 진정한 선물이다. 존재를 느끼지 못해도 필요한 모든 일이 가능하다고 믿을 수 있다. 느낌이 확실하지 않고 두렵고 떨려도 성령님의 능력이 나타나면, 말하고 일하며 살아갈 수 있다.

"내가 너희 가운데 거할 때에 약하고 두려워하고 심히 떨었노라. 내 말과 내 전도함이 설득력 있는 지혜의 말로 하지 아니하고 다만 성령의 나타나심과 능력으로 하여"(고전 2:3-4).

성령 충만이 우리 것이라는 믿음을 갖고 살아라. 예수님을 바라보며 영적 삶이 보혜사 성령님의 손에 달려 있다는 사실을 믿으면서 날마다 즐거워하며 낙심하지 말라. 그럴 때 우리 안에 예수님이 임재하시면서 주님을 닮은 삶이 드러나게 된다. 그리스도 예수 안에 있는 생명의 영이 내주하시면서 예수님을 닮은 삶이 주변을 비추게 된다.

그리고 믿고 순종하는 우리의 바람이 성취되지 않는 것처럼 보여도 성령님의 충만한 능력이 나타나는 것은 그리스도의 지체와 교제하고 예수님을 섬기는 데 완전히 순종할 때 가능하다는 사실을 기억하라. 예수님이 주변 사람들과 충분한 교제를 나누고, 그들처럼 물로 세례를 받을 때 성령 세례를 받으셨다. 그리고 예수님이 두 번째 고난의 세례를 받고 우리를 위해 희생제물이 되셨을 때 우리에게 성령을 주실 수 있었다.

함께 기도하고 성령 세례를 믿는 하나님의 자녀들과 교제하라. 제자들은 단독이 아니라 한 장소에서 하나가 되었을 때 성령을 받았다. 영혼들을 돌보기 위해서는 주변에 있는 하나님의 자녀와 하나가 되어야 한다. 성령은 그 사역을 준비하도록 위로부터 임한 능력이다. 즐기기 위함이 아니라 사역 때문에 성령님을 바라면서 믿고 기대하는 종들에게 그 약속은 이루어진다.

예수님은 성령으로 충만하여 우리를 위해 일하고 살고 죽음을 맞을 수 있었다. 우리도 예수님처럼 사람들을 위해 살고 죽는 일에 헌신한다면 예수님처럼 성령 세례와 성령 충만을 소유하고 의지할 수 있게 된다.

살아계신 아버지께서 나를 보내시매 내가 아버지로 말미암아 사는 것같이 나를 먹는 그 사람도 나로 말미암아 살리라. 요한복음 6:57.

예수님의 발자취와 그분의 형상을 따르는 일을 묵상할 때마다 스승과 제자 간의 깊고 생생한 연합에 집중해야 할 필요성이 새롭게 드러난다. '그리스도를 본받아'라는 말씀을 묵상하면 할수록 '예수님 안에서'라는 또 다른 말씀 없이는 그것이 불가능하다는 사실을 깨닫게 된다. 강력하게 내적으로 연합할 때 닮았다는 점이 외적으로 드러나게 된다. 예수님과 같은 사역을 감당하려면 같은 삶을 살아야 한다. 예수님을 모범으로 삼고 진지하게 따르면 따를수록 그분을 나의 머리로 모시게 된다. 본질적으로 예수님과 같은 내적 생명만이 그분처럼 눈으로 볼 수 있는 삶을 살게 한다.

예수님의 지상에서의 삶과 우리의 삶이 서로 닮았다는 것을 확신하게 하는 이 말씀이 얼마나 큰 축복인지 모른다. "살아계신 아버지께서 나를 보내시매 내가 아버지로 말미암아 사는 것같이 나를 먹는 그 사람도 나로 말미암아 살리라." 예수님 안에 있는 삶, 즉 주님이 우리에게 어떤 분이고 우리 안에서 어떻게 역사하시는지 알고 싶다면, 예수님께 아버지가 어떤 분이고 예수님 안에서 어떻게 일하시는지 묵상하기만 하면 된다. 하나님 안에서, 그로 말미암아 가능했던 예수님의 삶은 아들 안에서, 그로 말미암아 사는 우리의 삶에 대한 형상이고 기준이다. 이것을 자세히 살펴볼 필요가 있다.

예수님의 삶이 하늘에 계신 하나님 안에 감춰져 있던 것처럼 우리도 마찬가지다. 예수님은 신적 영광을 스스로 포기하면서 신적 속성을 자유롭게 행사하는 일까지 함께 내려놓으셨다. 그렇게 해서 인간이 되신 예수님은 믿음으로 살아가셔야 했다. 하나님이 지혜와 능력을 나눠주고 싶으셔서 그것을 실행하실 때까지 기다려야 했다. 전적으로 하나님만 의지하셔야 했다. 예수님의 삶은 하나님 안에 숨겨져 있었다. 독립적인 신격이 아니라 성령님을 의지하면서 하나님이 때때로 가르쳐주시는 것을 말하고 행하셔야 했다.

우리의 삶은 하나님 안에 예수님과 함께 숨겨두어야 한다. 이것을 통해서 용기를 얻는다. 예수님은 믿음과 의존의 삶으로 우리를 초대하신다. 예수님이 직접 그런 삶을 사셨기 때문이다. 실행했을 뿐 아니라 그에 따르는 축복을 보여주셨다. 이제 예수님은 우리 안에서 자신의 삶을 다시 한번 살면서 그대로 따르도록 가르치고 싶어 하신다. 예수님은 하나님이 자신의 생명이시며 하나님 때문에 사셨고 하나님이 매 순간 필요한 것을 공급하셨다는 사실을 잘 알고 계셨다. 그리고 이제는 예수님 자신이 하나님 때문에 사셨던 것처럼 우리도 하나님 덕분에 살 수 있다는 확신을 갖게 하신다.

우리는 믿음을 갖고 이것을 확신해야 한다. 이렇게 충만한 생명의 축복이 예수님 안에서 우리를 위해 준비되었고 필요할 때 풍성하게 공급된다는 사실을 믿음으로 마음을 가득 채워야 한다. 영적인 삶에 관심을 두고 염려하면서 지켜보고 양육해야 할 것으로 생각해서는 안 된다. 자신의 능력이 아니라 예수님이 하나님을 통해 사셨던 것처럼 예수님 안에서 그렇게 할 수 있다는 것을 매일 즐거워해야 한다.

예수님의 삶은 비록 의존적이었지만 신적인 능력을 발휘하는 삶이었다. 우리 역시 마찬가지다. 예수님은 영광을 내려놓고 이 땅에서 인간이 되어 하나님 앞에서 사는 삶을 전혀 후회하지 않으셨다. 하나님은 예수님의 확신을 한 번도 실망하게 하지 않았을 뿐 아니라 사역에 필요한 모든 것을 허락하셨다. 예수님은 하늘에서 하나님처럼 지내시고 신적인 완전을 누리며 거하시는 것이 축복이지만, 지상에서 전적으로 하나님을 의지하고 하나님으로부터 모든 것을 받으면서 하루하루를 살아가는 것 역시 그에 못지않다는 사실을 경험하셨다.

우리 그리스도인의 삶도 이와 같다. 예수님의 신적 능력이 우리 안에서 우리를 통해 역사할 것이다. 이 세상의 환경이 하나님께 영광을 돌리는 거룩한 삶을 불가능하게 하면 안 된다. 예수님이 하나님 덕분에 이 세상에서 축복을 누리며 살았던 것처럼 우리도 하나님을 의지하면서 살아갈 수 있다. 예수님이 우리를 위해서 앞으로 하실 일을 더 크게 기대해야 한다. 오직 예수님과의 연합만 바라야 한다. 예수님이 하나님을 통해서 사셨듯이 진정으로 그렇게 살려고 하는 영혼을 위해 예수님이 행하실 일을 거론하는 것은 불가능하다. 예수님이 하나님을 통해서 사셨고 하나님이 그 삶을 모두 영광스럽게 하셨듯이 우리는 무슨 일을 하든지 예수님이 어떻게 맡아서 처리하시는지 경험하게 될 것이다.

예수님은 하나님과 진정한 연합을 드러내는 삶을 사셨다. 우리의 삶도 역시 마찬가지다. 예수님은 이렇게 말씀하셨다. "살아계신 아버지께서 나를 보내시매 내가 아버지로 말미암아 사는 것같이"(요 6:57). 아버지께서 이 세상에서 사랑으로 자신을 드러내시려고 할 때 자신과 하나인 사랑하는 아들에게 그 일을 맡기셨다. 하나님께서 예수님을 보내신 것은 아들이었기 때문이다. 아버지께서 보내셨으니 아들의 삶을 돌보는 것은 전부 아버지의 몫이었다. 예수님이 하나님으로 말미암아 이 세상에서 생활하셨다는 복된 사실은 그런 연합에 근거한 것이다.

예수님이 말씀하셨다. "내가 아버지로 말미암아 사는 것같이 나를 먹는 그 사람도 나로 말미암아 살리라." 그리고 바로 앞에서는 이렇게 말씀하셨다.

> "내 살을 먹고 내 피를 마시는 자는 내 안에 거하고 나도 그의 안에 거하나니"(요 6:56).

예수님은 세상이 생명을 얻을 수 있게 자기 살과 피를 주셨다. 우리는 믿음을 통해서 그분의 죽음과 부활이 발휘하는 능력에 참여하고 그분의 생명에 대한 권리를 받게 된다. 예수님이 하나님의 생명에 대한 권리를 갖는 것처럼 말이다. "내 살을 먹고 내 피를 마시는 자는"이라는 말씀에는 예수님과의 친숙한 연합과 불변의 교제가 포함되어 있다. 그것이 예수님 안에 있는 생명의 능력이다. 오직 예수님을 통해서 살고 싶어 하는 영혼이 해야 할 일 한 가지는 날마다 그분을 먹고 자기 것으로 삼는 일이다.

이것을 실행하려면 예수님의 모든 충만한 삶이 진정으로 우리의 몫이라는 사실을 분명히 확신하는 마음을 가지려고 계속해서 노력해야 한다. 하늘에 계신 예수님, 그리고 우리의 머리되시는 주님의 하늘 생명을 성령님으로 꾸준히 전달되도록 공급하셨다는 사실을 즐겁게 묵상해야 한다. 예수님이 하나님의 생명으로 길을 열어놓은 구속과 지금 아들 안에서 놀라운 생명을 허락하신 것에 대해서 하나님께 감사해야 한다. 열린 마음과 구별된 삶으로 자신을 부단히 주님께 바치면서 그분의 돌봄만을 기대해야 한다. 그런 신뢰와 구별된 믿음 속에서 내주하시는 주님의 말씀을 근거로 사랑을 쏟고 교제를 다지면서 예수님을 매일의 양식으로 삼아야 한다. "내가 아버지로 말미암아 사는 것같이 나를 먹는 그 사람도 나로 말미암아 살리라."

　우리는 당연히 그렇게 생각해야 한다. 그런 약속에 비추어 보면 예수님을 본받는 삶이 가능한 일처럼 보인다. 예수님으로 말미암아 사는 사람은 역시 그분처럼 살 수 있다. 그러니 하나님 때문에 지상에서 이렇게 놀라운 삶을 사신 예수님을 묵상의 대상으로 삼아라. "나를 먹는 그 사람도 나로 말미암아 살리라"는 말씀을 완전히 이해하고 받아들일 때까지 말이다. 그렇게 하면 우리의 근심과 걱정은 모두 사라지게 된다. 우리의 모범 되시는 예수님이 그것을 유지하려고 하늘로부터 우리 안에서 역사하시기 때문이다. 그러면 우리의 삶은 계속해서 이렇게 노래하게 될 것이다. "자신처럼 살도록 우리 안에 거하시는 예수님을 진정으로 사랑하고 찬양합니다. 아멘."

그가 나타나시면 우리가 그와 같을 줄을 아는 것은 그의 참모습 그
대로 볼 것이기 때문이니 주를 향하여 이 소망을 가진 자마다 그의
깨끗하심과 같이 자기를 깨끗하게 하느니라. 요한일서 3:2-3.
내 아버지께서 나라를 내게 맡기신 것같이 나도 너희에게 맡겨. 누
가복음 22:29.

　　하나님의 영광은 그분의 거룩함이다. 하나님을 영화롭게 하는 일
은 우리 자신을 포기하고 하나님께서 우리 안에서 스스로 영광을 드
러내게 하는 것이다. 하나님의 영광이 우리로부터 퍼져나가는 일은
거룩해지려고 자신을 내려놓고 하나님의 거룩함으로 삶을 채울 때
가능하다. 예수님의 사역 가운데 하나는 아버지를 영화롭게 하고 영
화롭고 거룩하신 하나님을 드러내는 일이었다. 예수님처럼 우리가

해야 할 일은 순종과 증거의 삶을 통해서 우리 하나님을 거룩하고 영광스러운 분으로 소개하고 하늘과 땅에서 영화롭게 하는 것이다.

예수님이 이 세상에서 아버지를 영화롭게 하자, 아버지는 하늘에서 아들을 자신과 함께 영화롭게 하셨다. 이것은 아들에게 당연한 보상이었을 뿐 아니라 문제의 성격상 마땅한 일이었다. 예수님처럼 하나님의 영광에 헌신한 삶의 경우에 영광 이외에는 달리 여지가 없었다. 이 법칙은 우리에게도 역시 효력을 발휘한다. 하나님의 영광을 갈망하고 목말라하는 마음은 그것을 위해 살고 죽을 준비가 되어 있어서 영광스러운 삶을 살기에 적합해진다. 이 세상에서 하나님의 영광을 위해 사는 것은 하늘에서 하나님의 영광 속에 사는 삶으로 들어가는 문이다. 예수님과 함께 우리가 하나님을 영화롭게 하면 하나님 역시 예수님과 함께 우리를 영화롭게 하실 것이다. 우리는 하나님의 영광 안에서 예수님처럼 될 것이다. 우리는 영적인 영광, 거룩함의 영광 속에서 예수님처럼 될 것이다.

두 개의 낱말이 결합한 성령님의 이름(Holy Spirit)에서 거룩한 것과 영적인 것이 서로 긴밀하게 연계되어 있음을 확인할 수 있다. 예수님이 인간으로서 직접 자신을 계시하고 존중하고 거룩하게 함으로써 하나님을 영화롭게 하셨을 때 주님은 인간으로서 신적 영광에 들어가서 참여하게 되셨다. 그래서 우리도 같은 일을 겪게 된다. 여기 이곳에서 하나님의 영광이 소유하도록 우리를 바치면, 그리고 하나님의 거룩함과 성령님이 우리 안에 머물면서 빛을 발하기만 하면 하나님의 형상대로 창조된 인간의 본성은 지닌 모든 능력과 더불어서 순결함과 거룩함, 생명과 아주 밝은 하나님의 영광을 상상할 수 없는 방식으로 경험하게 된다.

우리는 영광스러운 몸을 가지신 예수님처럼 될 것이다. 구체화는 하나님께서 마지막으로 사용하시는 방법이라는 말이 있다. 인간의 창조는 하나님의 창조 가운데 절정이었다. 그전에는 육체가 없는 영혼이나 영혼이 없는 육체가 있었다. 하지만 인간에게는 육체를 완전한 거룩함으로 끌어 올리고 영적으로 만들 수 있는 몸과 영혼이 있어야 했다. 인간 전체가 하나님의 형상이고 인간은 영혼이면서 육체이다. 예수님 안에서 인간의 몸은 하나님의 보좌에 위치하고 신적 영광의 동반자로서의 가치를 갖게 된다. 이것은 신비 중의 신비이다.

우리의 몸은 신적으로 변화시키는 능력의 더할 나위 없이 대단한 기적의 대상이 될 것이다.

"그러나 우리의 시민권은 하늘에 있는지라. 거기로부터 구원하는 자 곧 주 예수 그리스도를 기다리노니 그는 만물을 자기에게 복종하게 하실 수 있는 자의 역사로 우리의 낮은 몸을 자기 영광의 몸의 형체와 같이 변하게 하시리라"(빌 3:20-21).

예수님의 영광스런 몸처럼 변화시킨 하나님의 영광이 우리 몸에서 드러나는 것은 우리 영혼의 경우보다 더 대단한 일이다. 우리는 "양자 될 것 곧 우리 몸의 속량을"(롬 8:23) 기다리고 있어야 한다.

모든 대상마다 나타나는 영광에 어울리는 자리가 있다. 예수님의 자리는 우주의 중심, 하나님의 보좌이다. 예수님은 제자들에게 말씀하셨다.

> "나 있는 곳에 나를 섬기는 자도 거기 있으리니 사람이 나를 섬기면 내 아버지께서 그를 귀히 여기시리라"(요 12:26).
> "내 아버지께서 나라를 내게 맡기신 것같이 나도 너희에게 맡겨 너희로 내 나라에 있어 내 상에서 먹고 마시며 또는 보좌에 앉아 이스라엘 열두 지파를 다스리게 하려 하노라"(눅 22:29-30).

두아디라교회에는 이렇게 말씀하셨다.

> "이기는 자와 끝까지 내 일을 지키는 그에게 만국을 다스리는 권세를 주리니. …나도 내 아버지께 받은 것이 그러하니라"(계 2:26-27).

그리고 라오디게아교회에게 말씀하셨다.

> "이기는 그에게는 내가 내 보좌에 함께 앉게 하여 주기를 내가 이

기고 아버지 보좌에 함께 앉은 것과 같이 하리라"(계 3:21).

이 말씀보다 더 높고 가까운 말씀은 있을 수 없다.

"우리가 흙에 속한 자의 형상을 입은 것같이 또한 하늘에 속한 이
의 형상을 입으리라"(고전 15:49).

그 형상은 완벽하고 온전할 것이다.

하나님께서 이처럼 미래를 잠깐 보게 하셔서 위대한 창조의 순
간에 "우리의 형상을 따라 우리의 모양대로 우리가 사람을 만들고"
(창 1:26)라고 말씀하신 내용에는 얼마나 놀라운 진리와 신적 의미
가 포함되어 있는지 알려주셨다. 눈에 보이지 않는 분을 드러내고
신적 본성의 참여자가 되며 하나님과 함께 우주를 다스리는 것이 인
간의 본분이다. 인간의 자리는 말로 다할 수 없는 영광스러운 자리
이다. 두 개의 영원, 즉 우리가 맏아들의 형상으로 변화되도록 예정
된 영원한 목적과 우리가 영광스러운 그분처럼 되는 그 목적의 영원
한 실현 사이에 서 있는 우리의 귀에는 사방에서 이런 소리가 들려
온다. "하나님과 예수님의 영광을 함께할 하나님의 형상을 가진 이
들이여! 예수님처럼 삶을 살아라!"

옛날 시편 기자는 여호와 하나님을 이렇게 찬양했다. "나는 의로
운 중에 주의 얼굴을 뵈오리니 깰 때에 주의 형상으로 만족하리이

다"(시 17:15). 하나님의 형상 이외에는 영혼을 만족시킬 수 없다. 그것을 위해서 창조되었기 때문이다. 그리고 이것은 외적이라서 보기만 할 뿐 소유할 수 있는 것이 아니다. 우리는 그 형상에 참여할 때 만족을 누리게 된다. 채울 수 없는 주림 때문에 그것을 갈급해하는 이들은 복되다. 만족을 누릴 것이기 때문이다. 바로 이 하나님의 형상은 하나님으로부터 갈급해하는 이들에게서 직접 흘러나오고, 그들의 존재 전체로부터 흘러나오며, 우주를 거쳐서 그들을 통해 흘러나오는 영광이다. "우리 생명이신 그리스도께서 나타나실 그때에 너희도 그와 함께 영광 중에 나타나리라"(골 3:4).

여기 이 세상에 실제로 존재하지 않는 것은 그날에 역시 나타날 수 없다. 하나님의 영광이 이곳에서의 삶에서 우리의 몫이 되지 않으면 이후로도 그럴 수 없다. 그것은 불가능하다. 여기서 하나님을 영화롭게 하는 사람만이 나중에도 하나님을 영화롭게 할 수 있다. "사람은 하나님의 형상이고 영광이다!" 여기서 하나님의 형상을 간직하면 하나님의 영광의 광채이며, 분명한 모습인 예수님의 형상을 유지하고 살아가면 다가올 영광을 누리게 된다. 우리가 하늘에 계신 분, 즉 영광스러운 예수님의 모습이 되려면 일차적으로 지상에 있는 분, 즉 비천한 예수님의 모습을 간직해야 한다.

예수님은 창조되지 않은 하나님의 형상이시다. 인간은 창조된 하나님의 형상이다. 영광의 보좌에서 이 둘은 영원히 하나가 될 것이다. 우리는 예수님이 우리를 그 형상을 소유한 존재로 회복시키기 위해 무엇을 행하셨고, 어떻게 가까이 이끄셨으며, 어떻게 모든 것을 희생하셨는지 잘 알고 있다. 우리는 이 놀라운 사랑과 헤아릴 수 없는 영광을 위해 자신을 포기하고 예수님의 형상과 영광이 나타나도록 우리의 생명을 바쳐야 한다. 예수님처럼 하나님의 영광을 우리의 목표와 희망으로 삼고, 여기서 하나님의 영광을 위해 살면서 저세상에서 하나님의 영광을 누리며 사는 방법으로 삼아야 한다.

예수님의 영광과 우리의 영광이 함께 기원을 두고 있는 것은 하나님의 영광이다. 하나님께서 예수님에게 하신 것처럼 우리에게도 하시고, 하나님의 영광이 예수님의 몫이 되었듯이 우리에게 그렇게 되도록 해야 한다. 예수님의 삶이 지닌 모든 특징은 이것을 중심으로 한곳에 모인다. 예수님은 아들이셨다. 예수님은 아들로 사셨고 하나님은 아버지가 되셨다. 예수님은 아들로서 아버지의 영광을 찾았고 아들로서 그것을 찾아내셨다. 우리는 아들의 모습을 따라야 한다. 아버지는 우리 삶의 전부이다. 그리고 아버지의 영광은 우리의 영원한 집이다.

우리는 지금껏 나와 함께 우리 주님의 형상과 그 형상이 반영되어야 하는 예수님과 같은 삶을 묵상했다. 이제는 작별할 시간이 되었다. 작별을 기념하는 말씀이다.

"사랑하는 자들아 우리가 지금은 하나님의 자녀라. 장래에 어떻게 될지는 아직 나타나지 아니하였으나 그가 나타나시면 우리가

그와 같을 줄을 아는 것은 그의 참모습 그대로 볼 것이기 때문이
니 주를 향하여 이 소망을 가진 자마다 그의 깨끗하심과 같이 자
기를 깨끗하게 하느니라"(요일 3:2-3).

그리스도처럼, 이것이 우리 삶의 한 가지 목적이 되고, 우리 삶
의 한 가지 바람이 되며, 우리 삶의 한 가지 즐거움이 되도록 기도하
라. 세상 끝날 우리가 영광스럽게 만나면, 예수님의 모습을 보면, 그
리고 예수님을 닮은 우리를 함께 보면 얼마나 좋겠는가!

:
:
:

매 순간 포기하므로
하나님을 경험하라

그러나 너희는 택하신 족속이요 왕 같은 제사장들이요

거룩한 나라요 그의 소유가 된 백성이니

이는 너희를 어두운 데서 불러내어

그의 기이한 빛에 들어가게 하신 이의 아름다운 덕을

선포하게 하려 하심이라. 베드로전서 2:9

하나님의 뜻은 이것이니 너희의 거룩함이라. 데살로니가전서 4:3.
내가 하나님의 뜻을 행하러 왔나이다. 이 뜻을 따라 예수 그리스도
의 몸을 단번에 드리심으로 말미암아 우리가 거룩함을 얻었노라. 히
브리서 10:9-10.

우리는 하나님의 뜻에서 그분의 지혜와 권능의 조화를 볼 수 있
다. 지혜는 앞으로 될 것이 무엇인지를 결정하고 선포한다. 권능은
그 실행을 보증한다. 뜻의 선포는 단지 한 면일 뿐이다. 그 뜻을 완
성하고 실행하고자 하는 의지는 모든 선한 것의 근원과 존재가 되는
살아 있는 에너지이다. 우리가 법으로써 하나님의 뜻만 바라보는 한
그것을 부담으로 느끼게 된다. 우리에게 그 뜻을 수행할 힘이 없기
때문이다. 그것은 우리에게 너무나 원대하다. 그러나 믿음으로 하나

님의 뜻 안에서 역사하고 그 뜻을 이루어 나가는 권능을 바라볼 때 믿음은 하나님께서 친히 그 일을 수행하고 계심을 알게 함으로써 그 뜻을 받아들이고 이룰 수 있는 용기를 갖게 한다.

믿음으로 하나님의 뜻에 굴복하는 지혜는 그 권능을 경험하는 통로가 된다. "그분의 뜻을 따라 행한다." 이 말은 단지 항복을 강요하는 표현이 아니라 즐거운 기대감을 주는 말씀이다. "하나님의 뜻은 이것이니 너희의 거룩함이라." 보통 이런 표현들은 거룩함이 단순히 하나님께서 뜻하신 많은 것 가운데 하나라는 의미로 간주한다. 즉 그것은 그분의 뜻과 합하는 어떤 것이다. 이런 생각은 위대한 가치를 지닌 가르침을 담고 있다.

하나님은 분명하고 절대적으로 당신의 거룩함을 원하신다. 당신의 거룩함은 하나님의 뜻 안에 그 근원과 확실함과 존재를 가진다. 우리는 '성령이 거룩하게 하심으로 택하심을 받은', 그리고 '거룩하게 하시려고 선택된' 존재이다. 영원으로부터 하나님의 뜻과 지금 그분의 뜻이 목적하는 것은 우리의 거룩함이다.

하나님의 뜻이 그분의 지혜로 선택한 것을 행하시는 능력이 됨을 생각하고 이 진리가 어떻게 우리의 믿음을 굳건히 하고 우리를 거룩하게 할 수 있는지 보라. 하나님은 하나님의 뜻을 뿌리치지 않고 자신을 그 권능에 순복시키는 모든 사람을 위해 그들 안에서 뜻하신 바를 완수하실 것이다. 하나님께서 당신에게 원하시는 모습의 선포로서, 또한 그분이 친히 그 일을 행하심에 대한 계시로서 당신의 거룩함을 구하라.

그러나 또 다른 놀라운 생각이 기다리고 있다. 만약 우리의 거룩함이 하나님의 뜻이라면 그 중심적인 생각과 내용 등 그 뜻의 모든 부분이 하나님의 뜻을 뒷받침해야 할 것이다. 거룩함에 이르는 확실한 통로는 모든 일에서 하나님의 뜻을 진심으로 수용하는 것이 될 것이다.

하나님의 뜻과 하나가 되는 것이 거룩해지는 것이다. 거룩해지고자 하는 사람이라면 이런 마음가짐을 갖고 "하나님의 모든 뜻 가운데 서야 한다." 그 사람은 거기서 하나님을 직접 만날 것이며 그분의 거룩함의 참여자로 만들어질 것이다. 하나님의 뜻은 그 뜻에 자신을 내어놓는 각 사람에게 권능으로 그 목적을 수행할 것이기 때문이다. 거룩함의 삶에서 모든 것은 하나님의 뜻에 대한 우리의 올바른 관계에 달려 있다.

많은 그리스도인은 하나님의 모든 뜻을 받아들이는 것이나 그 뜻과 일치되는 것이 불가능하다고 생각한다. 그들은 수천 가지의 명령과 헤아릴 수 없는 하나님의 지시를 하나님의 뜻으로 본다. 때때로 단 하나의 요구를 수행하기조차 매우 어렵다는 것을 깨닫고 가벼운 실망조차 기꺼이 참아내기 어렵다는 것을 알게 된다. 그들은 하나님의 모든 뜻을 받아들였다고 담대하게 말하기 전에 은혜 안에서 수천 배 더욱 거룩하거나 강해질 필요가 있다고 생각한다. 그 뜻을 행하든지 그냥 듣기만 하든지 간에 상관없이 말이다.

그들은 올바른 관점을 선택하지 않았기에 이 모든 어려움이 온다는 사실을 이해하지 못한다. 그들은 하나님의 뜻이 그들의 자유의지와 모순된다고 보기 때문에 그 자유 의지로는 결코 하나님의 모든 뜻에 기쁘게 응답할 수 없다고 한다. 또한 스스로 거듭난 새사람으로서 새로운 뜻이 있음을 망각한다. 그들이 거듭난 것은 하나님으로부터 말미암은 것이기에 그 새로운 뜻이 하나님의 모든 뜻을 기뻐함에도 말이다.

그들의 새로운 뜻은 하나님의 뜻의 아름다움과 영광을 보며 그 뜻과 조화를 이루고 있다. 그들이 진정으로 하나님의 자녀라면 자녀의 영으로 갖는 첫 번째 충동은 분명 하늘에 계신 아버지의 뜻을 이루는 것이어야 한다. 그리고 그들이 할 일은 단지 자녀 됨을 전심으로 받아들이는 것뿐이다. 그러므로 하나님의 뜻을 자기 것으로 받아들이는 데 조금도 두려워할 필요가 없다.

그들이 범하는 실수는 매우 심각하다. 믿음으로 사는 대신에 옛 본성이 말하고 다스리는 바대로 감정에 의해 판단한다. 그들은 이전의 본성은 하나님의 뜻을 감당하기에 너무 어려운 짐이고 그 뜻을 행할 힘을 절대 가질 수 없다고 말한다. 반면 믿음은 다르게 말한다. 믿음은 우리에게 하나님은 사랑이며 그분의 뜻은 그 사랑이 드러난 것일 뿐이라고 상기시킨다. 믿음은 우리에게 하늘이나 이 땅에서 하나님의 뜻보다 더 완전하거나 아름다운 것이 없다는 것을 알고 있는지 묻는다. 믿음은 우리의 회심 때 이미 어떻게 하나님을 아버지와

주로 받아들이기로 고백했는지를 보여준다.

　무엇보다도 만약 우리가 분명하고 충실하게 자신을 사랑이신 하나님의 뜻에 내어놓는다면 믿음은 우리의 마음을 사랑으로 채우고 그 안에서 기뻐하게 할 것이다. 그럼으로써 우리가 주의 뜻을 행하며 기쁨으로 감당할 수 있다는 사실을 확신시켜 줄 것이다. 믿음은 하나님의 뜻이 전적으로 믿음에 의탁하는 모든 사람에게 하나님의 아름다움으로써 그 계획을 이루어내는 그분의 사랑임을 증명한다.

　우리는 어느 것을 선택할 것인가? 우리는 어떤 태도를 보일 것인가? 하나님의 뜻을 이해하지 않은 채 그리스도를 구세주로 영접하려고 시도할 수 있을까? 하나님의 자녀라고 고백하면서도 여전히 우리가 과연 얼마나 아버지의 뜻을 수행할 수 있을지 논쟁하다가 인생을 허비할 것인가? 우리의 뜻이 하나님의 뜻과 조화되지 않음을 고통스럽게 의식하면서 하루하루 살아가는 데 만족할 것인가? 아니면 이미 우리의 마음속에 쓰여 있는 하나님의 뜻에 대해 죄가 되는 우리의 뜻을 한꺼번에, 그리고 영원히 포기하며 살 것인가? 포기는 얼마든지 가능하다. 그것은 이루어질 수 있다.

　우리는 하나님과의 가장 단순하고 명확한 계약에서도 그분의 뜻이 우리 것이 될 것이라고 말할 수 있다. 믿음은 하나님께서 단순한 순종도 그냥 지나치지 않고 받아들이실 것을 알고 있다. 하나님께서 우리를 그분의 뜻 가운데로 인도하시고 사랑과 권능으로 그 뜻이 우리 안에서 살아 숨 쉬도록 책임지실 것을 신뢰하라. 우리 함께 믿음으로, 하나님의 뜻으로 나아가 가장 거룩한 뜻을 가장 중심으로 삼는 새로운 삶을 시작하라.

하나님의 뜻을 받아들이는 것은 성령을 통해 믿는 자들에게 그 뜻이 어떤 모습으로 나타나든지 깨닫고 알도록 준비시킨다. 육적인 그리스도인과 영적인 그리스도인 사이의 가장 큰 차이점은, 후자는 하나님께서 아무리 낮고 천한 인간의 모습으로 나타나셔도 그분을 알아본다는 것이다. 예수님은 하나님께서 시험으로 찾아오셨을 때 "아버지의 원대로 되기를 원하나이다"(마 26:42)라고 말씀하셨다.

이처럼 영적인 그리스도인은 인간의 연약함이나 어리석음을 통해 시험이 올 때, 자신의 신앙 성장에 불리하게 보이는 상황에서 극복하기에 너무나 위협적인 유혹이 있을 때 모든 것 가운데서 가장 먼저 하나님을 바라보고 "아버지의 원대로 되기를 원하나이다"라고 말하는 법을 배우게 된다. 그는 하나님의 자녀가 하늘 아버지의 뜻이 아니고는 어떤 상황 속에도 처할 수 없음을 안다. 비록 그 뜻이 한동안 자신의 의지대로 하도록 내버려 두어 자신이나 다른 사람들의 죄 때문에 고통을 받더라도, 곧 이 사실을 깨닫고 자신의 상황을 하나님의 뜻으로 받아들임으로써 지금 옳은 것을 알고 행하는 올바른 자리에 있음을 알게 된다. 모든 일에 하나님의 뜻을 깨닫고 영화롭게 할 때 그는 항상 그 뜻 안에 거하는 것을 배우게 된다.

또한 그는 그 뜻을 행함으로써 하나님을 영화롭게 한다. 그의 영적 분별력을 향상해서 무슨 일이 일어나든지 간에 "모든 것은 하나님의 뜻입니다"라고 말할 수 있을 때, 앞으로 이루어질 하나님의 뜻을 아는 지혜와 영적인 이해력 역시 성장할 것이다.

그는 양심의 지시와 하나님의 섭리 가운데, 말씀과 성령의 가르침 가운데 하나님의 뜻이 어떻게 삶의 모든 영역과 모든 의무에 적용되는지를 배우게 된다. 그럼으로써 살아가는 모든 것에서 다음의 성경 말씀을 기쁨으로 구하게 된다.

"무슨 일을 하든지 마음을 다하여 주께 하듯 하고 사람에게 하듯 하지 말라"(골 3:23).

"애써 기도하여… 하나님의 모든 뜻 가운데서 완전하고 확신 있게 서기를"(골 4:12).

그는 하나님께서 얼마나 감사하게도 자신의 포기를 받아들이셨는지를 발견하게 된다. 하나님의 뜻이 하늘에서처럼 이 땅에서도 이루어지도록 필요한 모든 빛과 힘을 공급하심을 알게 된다.

당신은 거룩하신 하나님께서 당신을 거룩하게 하도록 진정으로 자신을 드렸는가? 하나님의 선하고 온전하신 뜻을 받아들이고 그 안으로 들어갔는가? 그 속에서 살고 있는가? 이 질문은 고통이 다가왔을 때 저항할 수 없는 그 현실에 굴복하고 피할 수 없는 사실로 받아들이는가를 묻는 것이 아니다. 하나님의 뜻을 당신의 가장 선한 것으로 선택했는지, 그리스도의 삶의 원리를 당신 것으로 선택했는지를 묻는 것이다.

"오, 하나님! 당신의 뜻을 행함이 기쁨입니다."

이것은 하나님의 뜻을 행하심으로 자기 자신과 우리를 거룩하게 하신 그리스도의 거룩함이다.

"그 뜻 가운데 우리가 거룩하여졌다."

우리의 거룩함은 하나님의 뜻이다.

당신은 진실로 거룩해지기를 원하는가? 온전히 하나님의 소유가 되기를 원하는가? 여기에 길이 있다. 두려워하거나 망설이지 않기를 당신에게 간청한다. 당신은 하나님을 당신의 하나님으로 받아들였다. 진정 그분의 뜻도 당신의 뜻으로 받아들였는가? 하나님과 같은 뜻을 가짐으로 인해 받을 특권과 복을 생각해보라. 그 뜻에 주저없이 굴복하는 것을 두려워하지 말라. 하나님의 뜻은 모든 영역에서, 그분의 모든 권능에서 당신의 거룩함이다.

그러므로 누구든지 이런 것에서 자기를 깨끗하게 하면 귀히 쓰는 그릇이 되어 거룩하고 주인의 쓰심에 합당하며 모든 선한 일에 준비함이 되리라. 디모데후서 2:21.

신령한 제사를 드릴 거룩한 제사장이 될지니라. …그러나 너희는 택하신 족속이요 왕 같은 제사장들이요 거룩한 나라요 그의 소유가 된 백성이니 이는 너희를 어두운 데서 불러내어 그의 기이한 빛에 들어가게 하신 이의 아름다운 덕을 선포하게 하려 하심이라. 베드로전서 2:5,9.

우리는 성경 전체를 통해 하나님께서 거룩하게 하시는 모든 것이 그분의 거룩함을 섬기는 데 사용되는 것을 보았다. 하나님의 거룩하심은 거룩하게 하는 일에서 그 안식처를 발견하는 무한한 에너지이다. 하나님은 자신이 누구인지 계시하시면서 "나 여호와는 거룩함이니라"고 말씀하셨다. 그리고 그분의 행하심에 대해 "나는 너희를 거룩하게 하는 자"라고 끊임없이 덧붙이셨다.

거룩함은 그 자체에서 뻗어나가 거룩하지 않은 것을 불태우고 모든 자에게 그것이 가진 축복을 전하는 타오르는 불이다. 거룩함과 이기심, 거룩함과 게으름, 거룩함과 나태, 거룩함과 무력함 등은 궁극적으로 공존할 수 없다. 우리가 거룩함을 주제로 공부한 것은 무엇이든 하나님의 거룩하심을 섬기는 것으로 이어진다.

성경에서 거룩하게 나타난 것은 무엇인가? 제 칠 일은 하나님께서 그분의 백성을 거룩하게 만드시기 위해 거룩해졌다. 성막은 거룩하신 분의 처소로 하나님의 거룩하심이 그분의 백성에게 나타나는 중심 장소로서 거룩했다. 제단은 그 위에 놓인 제물들을 거룩하게 하기 위한 가장 거룩한 곳이었다. 제사장과 그들의 의복, 기구와 그릇이 있는 성전, 제물과 그 피 등 거룩함이라는 이름을 가진 모든 것에는 그 쓰임과 목적이 있었다.

하나님은 거룩하게 하시기 위해 애굽에서 구원해 낸 이스라엘 민족에 대해 다음과 같이 말씀하셨다. "내 백성을 보내라. 그들이 나를 섬길 것이니라"(출 8:1). 거룩한 천사, 거룩한 선지자와 사도들, 거룩한 말씀 등 거룩함의 이름을 가진 모든 것은 하나님을 섬기기 위해 거룩해졌다. 주님은 스스로에 대해 "아들로서 아버지께서 거룩하게 하시고 세상 가운데로 보내신" 존재라고 하셨다. 또한 "내가 나를 거룩하게 하오니"라고 말씀하시면서 그 목적을 이렇게 밝히셨다.

"이는 그들도 진리로 거룩함을 얻게 하려 함이니이다"(요 17:19).

이것은 아버지와 그 구속하신 자녀를 섬기려는 뜻이었다.

그러면 하나님께서 지금 거룩하신 자 그리스도와 성령 안에서 그분의 목적, 즉 성도인 '거룩한 자' '그리스도 안에서 거룩함을 얻은 자들'을 모으는 일을 행하실 때 거룩함과 섬김을 배제할 수 있을까? 불가능하다! 당신은 먼저 거룩함과 섬김이 서로 얼마나 본질적인지 알게 될 것이다. 그러므로 우리는 그 상호관계를 잘 붙잡아야 한다. 우리는 섬기기 위해 거룩해졌다. 우리는 거룩할 때만이 섬길 수 있다.

거룩함은 실제적인 섬김에 꼭 필요하다. 구약에서 거룩한 장소들뿐만 아니라 거룩한 백성 사이에서 거룩함의 단계를 보게 된다. 그것은 단계적인 진보이다. 백성, 레위인, 제사장, 그리고 대제사장이다. 각각 연속된 단계에서 그 범위는 좁아지고 섬김은 더 엄밀하고 명확해진다. 따라서 요구되는 거룩함도 더 엄밀하고 명확하다. 이것은 오늘날에도 진실이다.

거룩함이 더해질수록 섬기는 일에도 더욱 적합해진다. 진정한 거룩함이 더할수록 더욱 하나님께 속한 것이다. 그의 영혼에 역사하심이 더 실제적이고 깊어진다. 하나님께서 나의 영혼을 더 온전히 소유하실수록 나의 섬김도 더 완전해진다.

그리스도의 교회에는 엄청난 양의 일이 존재하지만 그 열매는 매우 적다. 많은 사람이 진실한 거룩함과 성령 충만을 거의 소유하고 있지 않음에도 교회 일에 헌신하기 때문이다. 그들은 종종 성실하게 일하고, 또한 인간적인 영향력이 관련되어 있는 한 가장 성공적이기도 하다. 그러나 여전히 주님 안에서 거룩한 성전을 세워나가는 일의 진정한 영적 열매는 거의 없다. 주님이 그들의 속사람을 다스리지 않으므로 그들 가운데서 일하실 수가 없다. 그들에게 하나님의 인격적인 내주 하심과 교제, 그분이 거룩하게 임재하시는 처소, 마음과 삶을 지배하고 다스리는 그분의 거룩하심 등 이 모든 것은 거의 낯선 일이다.

사역은 영적인 빈곤과 질병의 치료제로 알려졌다. 섬김과는 별개로 거룩함을 추구했던 몇몇 성도에게 사역에 대한 부르심은 형용할 수 없는 은혜였다. 그러나 많은 사람에게 그것은 단지 살아계신 하나님과의 교제와 거룩한 마음이 심각하게 결핍되었음을 가리는 또 하나의 막일뿐이었다. 그들은 어느 때보다도 열심히 자신을 바쳐 일했지만, 그들의 마음은 여전히 하나님께서 그 일을 받으셨다는 평온함과 새로운 힘을 갖지 못했음을 느끼고 있었다.

"그러므로 누구든지 이런 것에서 자기를 깨끗하게 하면 귀히 쓰는 그릇이 되어 거룩하고 주인의 쓰심에 합당하며 모든 선한 일에 준비함이 되리라." 당신은 이보다 더 명확하고 아름답게 섬김의 법을 규정할 수 없다. 왕이신 주님이 귀히 여기기를 기뻐하시는 귀히 쓰는 그릇은 육과 영의 온갖 더러움으로부터 깨끗해진 그릇이어야 한다. 그럴 때만이 거룩해진 그릇이 될 수 있고 하나님의 성령께서 소유하고 거하실 수 있게 된다. 그러면 하나님께서 그를 사용하실 수 있고 그 안에서 일하시며 그를 도구로 쓰실 수 있다. 따라서 깨끗하고 거룩해져 주인의 손에 들려졌을 때 비로소 우리는 모든 선한 일을 위해 영적으로 준비되게 되는 것이다.

만약 우리의 섬김이 하나님께서 받으실 만한 것이 되고 우리가 하는 일들이 사람들에게 영향력을 나타내며 스스로 기쁨과 힘이 되기를 원한다면 우리는 거룩해져야만 한다. 하나님의 뜻이 우리에 의해 이루어지기 위해서는 먼저 그 뜻이 우리 안에서 역사해야 한다.

얼마나 많은 신실한 사역자들이 능력을 원하며, 그것을 위해 울부짖고 기도하며 간구하지만 여전히 그것을 얻지 못하고 있다. 그들은 자신의 힘을 사랑과 믿음의 내적인 삶에 쓰기보다는 일과 봉사의 외적인 부분에서 더 많이 사용해왔다. 그들은 주권자이신 분이 그들을 소유하실 때만, 성령께서 그 뜻대로 그들을 사용하실 수 있을 때만 진정한 능력을 갖출 수 있음을 진정으로 깨닫지 못했다. 그들은 '권능의 세례'라고 부르는 것을 자주 바라고 기도한다. 그런데도 그들은 자신들 안에 하나님의 능력을 갖출 방법은 그분의 능력 안에 거하는 것임을 망각하고 있다.

그러므로 먼저 하나님의 권능으로 들어가라. 그분의 거룩한 뜻이 당신 안에 살게 하라. 그 뜻 안에 살면서 자신을 가눌 힘이 없는 것처럼 그 뜻에 순종하라. 성령께서 당신을 그분의 거룩한 성전으로 삼으시고 보좌에 앉아 모든 것을 다스리시는 거룩한 분을 드러내면서 당신 안에 거하시게 하라. 그분은 틀림없이 당신을 귀히 쓰실 거룩한 그릇으로 만들어 주인의 쓰심에 합당하게 사용하실 것이다. 거룩함은 효과적으로 섬기기 위해 필수적이다.

이와 마찬가지로 섬김은 진정한 거룩함에 필수적이다. 거룩함은 다른 사람들을 그 정결함과 완전함의 참여자로 만들기 위한 갈망과 자기 희생의 강력한 에너지이다. 그리스도는 자신을 십자가에 희생하셨다. 그 희생이 무엇이며 그 목적이 무엇인가? 그분은 우리를 거룩하게 하시기 위해 자신을 거룩하게 하셨다. 이기적인 거룩함은 잘못된 것이다. 진정한 거룩함인 하나님의 거룩함은 우리 안에서 사랑으로 역사하며 거룩하지 않은 것을 찾아 사랑함으로써 그것들 또한 거룩하게 만드는 것이다.

희생적인 사랑은 거룩함의 본질이다. 이스라엘의 거룩한 자는 우리의 구원자이다. 하나님의 거룩한 자는 죽으셨던 구세주이다. 하나님의 성령은 거룩하게 하신다. 적극적인 사랑과 구원과 축복과 연관되지 않는다면 하나님 안에는 거룩함이 없다. 이 사실은 우리에게도 마찬가지여야 한다. 거룩함에 관한 모든 생각, 모든 믿음의 행위나 기도, 거룩함을 추구하는 모든 노력은 그 목적에 따른 갈망과 순종으로 활력을 얻는다. 그러므로 당신의 온 삶이 하나님의 쓰심과 섬김이 분명하고 확실하게 순종하는 삶이 되도록 해야 한다.

하지만 당신의 환경이 희망적이지 않게 보일 수 있다. 당신이 희망해 왔던 길을 가는 중에 행하는 일들에 맞서 하나님께서 문을 닫아두신 것처럼 보일 수도 있다. 그 때문에 이 길이 아니라는 생각에 고통스러울 수도 있다. 그렇다 할지라도 그 문제를 하나님과 당신의 영혼 가운데 두라. 그럼으로써 거룩함에 관한 당신의 갈망이 하나님의 쓰심에 더욱 합당해져서 그분이 그리스도와 성령 안에서 당신에게 허락하신 거룩함으로 그분의 뜻대로 만들어 쓰실 것이다.

그분의 쓰심을 위해 준비되고 날마다 겸손하게 자기를 부인하며 다른 사람들을 섬기는 사랑의 수고를 하면서 당신이 이미 받은 은혜를 나누라. 그때 당신은 예배와 일의 연합과 교차점에서 하나님의 거룩하심이 당신 위에 머무르는 것을 발견하게 될 것이다.

"아버지가 그 아들을 거룩하게 하사 세상으로 그를 보내셨다." 세상은 거룩하신 분이 빛이 되고 소금이 되고 생명이 되시는 장소이다. 우리 역시 "그리스도 안에서 거룩하게 되어" 세상 가운데 보냄을 받은 자들이다. 세상 속에서와 그리스도 안에서라는 우리의 두 가지 자리를 두려움 없이 받아들이자!

죄와 슬픔이 가득한 세상 속에서 매 순간 수천 가지 요구가 우리를 기다리고 있으며 수백만의 영혼이 모두 우리를 기다리고 있다. 그리스도 안에서도 마찬가지다. 우리는 세상을 위해 "그리스도 안에서 거룩하게 되었다." 우리는 "그리스도 안에서 거룩하다."

우리는 내주하시는 성령을 받았다. 죄악 된 세상에 거룩한 소금처럼 우리의 거룩한 부르심에 자신을 드리자. 우리를 부르시는 하나님께 점점 더 가까이 다가가자. 우리의 거룩함이신 그리스도에게 점점 더 깊이 뿌리내리자. 그분 안에서 우리는 하나님의 소유이다. 우리를 품으신 하나님 안에 믿음으로 더 견고하고 온전히 들어가면 전 생애가 그분 아래 보호받으며 받으실 만하여 질 것이다.

하나님 아버지는 매 순간 우리에게 성령께서 우리 안에 진정으로 거하시고 그 거룩하심으로 그리스도를 우리의 본향, 우리의 거처, 우리의 확실한 방패와 영원한 공급처로 만드신다는 사실을 가르쳐주신다. 우리를 부르신 이가 거룩하시듯이 그분의 독생자 안에서 그분의 성령을 통해 거룩해질 때 그분의 거룩한 사랑의 불이 심판하고 책망하시며 구원하고 거룩하게 하시는 일을 할 것이다. 하나님께서 구원하기 위해 거룩해진 영혼을 사용하실 것이다.

하나님은 우리의 유익을 위하여 (고난으로) 그의 거룩하심에 참여하게 하시느니라. …모든 사람과 더불어 화평함과 거룩함을 따르라. 이것이 없이는 아무도 주를 보지 못하리라. 히브리서 12:10,14.

아마도 성경 중 다른 어느 곳에도 히브리서에 나타난 것만큼 고통 위에 영적인 빛을 발하는 말씀은 없을 것이다. 그것은 히브리서 말씀이 하나님의 아들에게 고난이 의미했던 바를 우리에게 가르쳐 주기 때문이다. 고난은 그분의 인간적인 면을 완성했다. 우리의 연약함을 동정하는 대제사장으로서의 일을 하시기에 적합하게 되기 위해서였다. 이로써 고난의 순종으로 하나님의 뜻을 성취하신 예수님이 진정으로 영광중에서 하나님 뜻의 실행자요 하늘에 계신 전능자의 우편에 앉으실 자임이 증명되었다.

"많은 아들들을 이끌어 영광에 들어가게 하시는 일에 그들의 구원의 창시자를 고난을 통하여 온전하게 하심이 합당하도다"(히 2:10).

"그가 아들이시면서도 받으신 고난으로 순종함을 배워서 온전하게 되셨은즉 자기에게 순종하는 모든 자에게 영원한 구원의 근원이 되시고"(히 5:8-9).

그분 스스로 자신의 고난에 대해 "나는 나를 거룩하게 하노라"고 하셨기에 우리는 그분의 고난이 실로 그분께 온전함과 거룩함에 이르는 길이었음을 알게 된다.

그리스도와 그분이 이루신 일은 모두 우리를 위한 것이다. 온전함을 이루기 위해 그리스도께서 겪으셨던 고난으로 입증된 힘, 즉 그분이 고난을 통해 자기 자신을 거룩하게 하시려고 부여한 힘은 그분으로부터 우리에게 오는 새로운 생명의 힘이다. 우리도 그분의 본보기를 통해 그분의 능력을 믿음으로 하나님의 자녀에게는 고난이 아버지 사랑의 증표이며 가장 풍부한 축복의 통로임을 알고 입증할 수 있다.

이와 같은 믿음이 있는 자에게 고난의 분명한 비밀은 다른 무엇도 아닌 하나님의 요구로 보일 수밖에 없다. 그것은 영광의 엄청난 무게에 작용하고 실제로 영향을 주는 가벼운 고통이다. 우리는 기록된 말씀인 "그들의 구원의 창시자를 고난을 통하여 온전하게 하심"

에 동의할 뿐 아니라 우리 또한 고난으로 거룩해져야 한다는 사실이 얼마나 하나님의 뜻에 맞으며 올바른지 이해할 수 있다.

"하나님은 우리의 유익을 위하여 (고난으로) 그의 거룩하심에 참여하게 하시느니라." 성경에 애통해하는 자들을 위해 기록된 모든 귀한 말씀 가운데 이 말씀만큼 우리를 고난이 가져오는 풍성한 축복으로 더 직접적이고 심도 있게 인도하는 구절은 없다. 우리가 참여하게 되는 것은 바로 하나님의 거룩하심이다. 히브리서는 하나님에게서 오는 우리의 거룩함을 명확하게 설명하고 있다. 거룩함이 예수 그리스도를 통해 우리를 위해, 우리 안에서 성취된다고 말씀한다.

> "거룩하게 하시는 이와 거룩하게 함을 입은 자들이 다 한 근원에서 난지라"(히 2:11).
> "오직 그리스도는 죄를 위하여 한 영원한 제사를 드리시고… 그가 거룩하게 된 자들을 한 번의 제사로 영원히 온전하게 하셨느니라"(히 10:12,14).

우리와 관련된 이 구절들은 우리가 점진적으로 하나님의 거룩하심을 개인적으로 받아들이고 자신에게 적용해야 함을 의미한다. 이 점진적인 일이란 무엇인가? 우리 안에는 하나님의 뜻과 상충하는 것이 많으므로 하나님의 뜻 안에서 기뻐하기 위해 우리의 뜻을 포기하기 전에 그것을 발견하고 깨뜨려야 한다. 고난을 개인적으로 경험하고 그것에 익숙해질 때 예수님이 우리를 위해 참아내고 행하신 것에 대해 완전히 이해할 수 있다.

이에 더해 우리의 충분한 분깃으로써 하나님의 사랑에 만족하는 개인적인 경험이 있어야 한다. 이것을 깨달으면 고난과 고통은 하나님께서 거룩하게 하시는 일에 필수불가결하다는 사실이 더욱 분명해진다. 이를 통해 우리는 아들에게 필요한 것이 어떻게 우리에게도 필요한 것이 되며, 아들에게 헤아릴 수 없이 귀한 가치였던 것이 우리에게도 가장 부요한 축복이 되는지를 알게 된다.

고난은 우리가 하나님의 뜻을 수용하게 한다. 우리는 하나님의 뜻이 어떻게 우리의 거룩함인지를 살펴보았다. 그리스도께서 하나님의 뜻 안에서 우리를 어떻게 구원하셨는가? 더욱이 그분이 자기 뜻을 하나님께 온전히 굴복시킴으로써 스스로 거룩하게 하신 가운데 어떻게 우리를 거룩하게 하는 능력을 발견하셨는가? "당신의 뜻을 이루는 것을 기뻐합니다"라는 그분의 말씀은 "나의 뜻이 아니라"는 그분의 끊임없는 고백 때문에 그 가치가 있다.

하나님께서 고난과 고통을 가지고 오실 때 첫 번째 목표는 우리 안에서 그분 은혜의 뜻과 연합을 요구하고 달성하는 것이다. 이것을 통해 우리는 그분과 그분의 사랑과 하나 될 수 있다. 하나님은 그분의 뜻이 우리가 애착을 느끼는 것이나 가장 소중히 여기는 희망과 어긋날 때 우리의 의지를 그분의 의지에 굴복시키기를 요구하신다.

이것이 자발적으로 기꺼이 이루어지면 하나님은 우리의 이런 헌신이 어떻게 모든 삶에서 그분의 뜻이 우리의 유일한 희망이 되게 하는지 깨달음을 주신다. 고통이 단순히 일련의 사건(갈등하다가 결국 하나님의 뜻에 순복하는)이 아니라 우리를 하나님의 모든 선하고 온전하고 수용할 수 있는 뜻을 증명하고 찬성하게 하는 배움터로 이끄는 입구임을 아는 영혼들은 복이 있다.

때때로 하나님의 자녀에게조차 고통은 축복이 아니다. 고통은 인간의 악한 본성을 자극하고 하나님의 뜻에 반하는 모든 반발심을 불러일으킴으로써 한때 마음을 장악했던 평안과 경건을 잃어버리게 한다. 그럴 때라도 고난은 하나님의 뜻을 수행하고 있다.

"너를 낮추시며 너를 시험하사 네 마음이 어떠한지 알려 하심이라"(신 8:2).

이 말씀은 우리를 광야로 이끄시는 하나님의 목적이다. 우리가 아직 인식하지 못한 것까지 확대해서 생각해보면 우리의 종교는 종종 이기적이고 피상적이다. 여전히 우리를 점령하고 있는 이기심과 이 세상을 사랑하는 모습을 드러내기 위해 고난의 가르침을 수용한다면 가장 시급하고 중요한 가르침을 배우게 될 것이다.

그 시험이 하나님에게서 직접 오지 않고 사람이나 환경을 통해 올 때 그 가르침은 특별히 더 어렵다. 우리는 다른 원인을 찾아 그 고통이 없어지기를 구하는 중에 분노나 슬픔을 느낌으로써 종종 하나님의 섭리가 허락한 모든 것에서 그분의 뜻을 바라보는 것을 완전히 잊어버린다. 우리가 그렇게 하는 한 고난은 무익하고 상황은 더 악화될 뿐이다.

우리가 거룩함으로 가는 길을 연구할 때, 만약 우리 안에서 하나님의 모든 뜻을 수용하고 동경하고 그 뜻 위에 온전히 서고자 하는 희망이 일깨워진다면, 먼저 우리에게 다가오는 모든 것에 그 뜻이 있음을 인정하라. 우리를 화나게 하는 사람의 죄는 하나님의 뜻이 아니다. 그러나 우리가 고통과 시험을 받는 동안에 마땅히 갖는 어려움은 하나님의 뜻이다.

우리의 바른 생각은 "어려움에 부닥친 이 처지는 나를 위한 나의 아버지의 뜻이다. 그분이 나를 훈련해 바르게 하시고자 하는 지금에 이 현실이 하나님의 뜻임을 안다"는 것이어야 한다. 이처럼 받아들이는 것이 시험을 축복으로 바꾸는 방법이다. 이것이 하나님의 모든 뜻 가운데 서게 하고 더욱 지속해서 그분과 마음을 같이하도록 하여 줄 것이다.

고난은 우리를 하나님의 아들과의 유대감으로 이끈다. 그리스도 밖에서 하나님의 뜻은 우리가 이행할 수 없는 율법일 뿐이다. 그리스도 안에 있는 하나님의 뜻은 우리를 가득 채우는 생명이다. 예수님은 우리의 타락한 인간 본성으로 인해 오셨고 인간에게 부과된 율법의 요구와 죄가 인간에게 가져온 결과를 담당하시려고 하나님의 모든 뜻을 수용하셨다. 그분은 그 대가가 무엇이든지 하나님의 뜻에 온전히 자신을 드렸다. 그분은 고난을 통해 우리를 아버지의 사랑과 영광으로 인도하기 위해 길을 여셨다.

우리 역시 그리스도께서 주시는 힘으로 말미암아 십자가의 길을 면류관을 향한 가장 좋은 길이며 가장 복된 길로 받아들이고 사랑할 수 있다. 성경은 하나님의 뜻은 우리의 거룩함이며, 또한 그리스도께서 우리의 거룩함이라고 말씀한다. 오직 그리스도 안에 있을 때만 하나님의 뜻 안에서 사랑하고 기뻐할 권리를 갖는다. 그리스도 안에 있다면 그 권리를 소유한 것이다.

그분은 한 번에 우리의 거룩함이 되셨고 항상 그 뜻을 즐거이 행하신다. 그분은 우리의 개인적인 경험에서 하나님의 뜻을 행함을 기뻐하도록 가르치심으로써 우리의 거룩함이 되신다. 그분은 그렇게 행하도록 배우셨다. 고난 없이 온전해질 수 없다. 그리스도는 고난 가운데 우리를 가까이 이끄신다. 그분은 우리의 고난을 그분의 고난과 같게 만드셨고 그 가운데 고난을 통해 온전하게 된 자신이 우리의 거룩함이 되게 하셨다.

하나님께서 고난을 허락하심으로 고통 중에 있는 모든 사람이여, 예수님의 고난과 제 뜻을 버리신 것, 온전하게 되신 것, 자신을 거룩하게 하신 것을 보라. 그분의 고난은 그분의 거룩함과 그분의 영광과 그분의 생명 비밀이다.

은혜로우신 주님과 더 가까운 교제로 들어갈 수 있게 하는 모든 것으로 하나님께 감사하지 않겠는가? 오직 하나님의 뜻을 위해 살아가면서 그분과 하나가 되도록 그 사랑의 부르심으로 다가오는 모든 시험(크든 작든)을 받아들이지 않겠는가? 예수님이 하나님의 뜻대로 고난을 지셨듯이 우리도 그분과 하나가 되어 고난을 통해 온전해진 예수님 안에 거하는 것이 바로 거룩함이다.

고난은 하나님의 사랑에 이르게 한다. 많은 아버지는 자녀가 사랑의 벌을 받은 후에 이전보다 훨씬 더 부드럽게 자신에게 안기는 것을 처음으로 경험하고 놀라곤 한다. 마찬가지로 그들의 아버지인 하나님과 멀리 떨어져 살아가는 사람들에게 이 세상의 비극은 그들의 믿음을 흔드는 채찍처럼 보인다. 하지만 실제론 그분의 자녀가 고난을 통해 사랑의 실체를 알기 원하시는 하나님의 사랑의 채찍이다.

징벌은 분명히 아버지의 특권이다. 그 징벌은 사랑 안에서 필요하고 사랑 안에서 이루어졌음을 인정하게 한다. 또한 용서와 위안에 대한 갈망을 강력하게 일깨워 비록 그것이 이상하게 보일지라도 참으로 하나님 사랑의 더 깊은 체험으로 인도하는 가장 확실한 길이 된다. 고난은 축복의 수업이 진행되는 학교이다. 즉 우리에게 하나님의 모든 뜻은 사랑이며 거룩함은 찌꺼기를 태워 완전한 정결함으로 동화시킬 수 있는 사랑의 불임을 가르친다.

"하나님이 우리를 사랑하시는 사랑을 우리가 알고 믿었노니 하나님은 사랑이시라. 사랑 안에 거하는 자는 하나님 안에 거하고 하나님도 그의 안에 거하시느니라"(요일 4:16).

삶의 기본 목적은 하나님과 사랑의 교제를 나누고 사랑으로 서로 교통하는 것이다. 하나님의 사랑을 알 수 있는 것은 오직 믿음으로만 가능하다. 믿음은 시험 중에도 믿음으로 행하고 애쓸 때만 성장한다. 가시적인 것에서 실패했을 때 믿음의 에너지가 솟아나 불가시적인 것, 즉 하나님의 방법에 맡기게 한다. 그렇기에 고난은 믿음이 더 커지게 하고 하나님의 사랑에 더 깊이 들어가게 하려고 선택된 조력자이다. 이것은 새롭게 사는 길이다. 우리를 지성소로 인도하는 것은 예수님과 교제 속에 찢어진 육체로 들어가는 길이다. 거기서 아들도 아끼지 않고 내주신 정의와 그분을 지탱시키고 거룩하게 한 사랑이 어떻게 하나님의 거룩하심 속에서 하나 되는지 알 수가 있다.

매우 특별한 인도를 받고 육체의 찢어진 휘장을 통과하는 길을 지나 그 안으로 담대히 들어가는 성도들이여, 그 성소에 가까이 가라. 지성소로 다가가 거기에 거하라. 지성소를 당신의 처소로 만들라. 당신은 그곳에서 하나님의 거룩함에 참여하게 된다. 고난은 당신의 마음을 하나님의 뜻, 하나님의 아들, 하나님의 사랑과 연합하게 한다. 하나님의 뜻 안에 살라. 하나님의 아들 안에 거하라. 하나님의 사랑 안에 머물라. 휘장 안에, 지성소에 거하라.

이 모든 것이 이렇게 풀어지리니 너희가 어떠한 사람이 되어야 마땅
하냐. 거룩한 행실과 경건함으로. 베드로후서 3:11.

모든 사람과 더불어 화평함과 거룩함을 따르라. 이것이 없이는 아무
도 주를 보지 못하리라. 히브리서 12:14.

거룩한 자는 그대로 거룩하게 하라. …주 예수의 은혜가 모든 자들
에게 있을지어다. 아멘. 요한계시록 22:11,21.

우리는 하나님을 만나러 가는 노정에 있다. 우리는 하나님을 직
접 만날 수 있도록 초대받았다. 장차 우리 앞에 스랍들도 그 얼굴을
가리고 있는 거룩함의 무한한 신비, 보이지 않는 하나님의 영광이
드러나 보이게 된다. 그것은 우리가 바라보고 연구할 수 있는 대상
이 아니다. 그러나 우리는 살아계신 하나님 그 자체인 거룩한 삼위

일체를 보게 될 것이다. 거룩하신 자 하나님은 친히 그 모습을 우리에게 보이실 것이다. 오, 이 측량할 수 없는 은혜와 상상할 수 없는 복이여! 우리는 하나님을 보게 된다!

거룩한 삶에 대한 우리의 노력은 단지 그 만남과 그 비전을 위한 준비과정일 뿐이다. 우리는 거룩하신 하나님을 보게 될 것이다.

"마음이 청결한 자는 복이 있나니 그들이 하나님을 볼 것임이요" (마 5:8).

"거룩함을 따르라. 이것이 없이는 아무도 주를 보지 못하리라"(히 12:14).

하나님께서 이스라엘 백성들에게 "내가 거룩한 것처럼 너희도 거룩하라"고 말씀하신 이후로 거룩함은 하나님과 그분의 백성들 사이의 유일한 만남의 장소로 나타났다.

거룩해지는 것은 이스라엘 백성들이 하나님 옆에 설 수 있는 일상적인 공간이 되었다. 거룩함은 그들이 하나님과 같아지고자 했던 유일한 속성이었다. 거룩해지는 것은 하나님께서 더는 그분의 백성들을 멀리하실 필요 없이 그분의 영광에 온전히 참여하게 하고, 그들 안에 말씀을 온전히 성취하는 영광스러운 시간을 위해 준비하는 유일한 길이다. "거룩한 자는 그대로 거룩하게 하라."

사도 베드로는 그의 두 번째 서신에서 주님이 오시는 그날에 하늘과 땅이 풀어지는 가장 거대한 재앙이 선행되고 수반된다는 것을 상기시킨다. 또한 심판의 때에 그들이 주 앞에서 점도 없고 흠도 없이 나타나도록 경건하게 지내기를 호소한다. 그는 주의 오실 날이 어떠할지, 또 그날을 기다리는 사람의 삶이 어떠해야 할지 진지하게 생각해 보기를 요청한다.

> "너희가 어떠한 사람이 되어야 마땅하냐. 거룩한 행실과 경건함으로"(벧후 3:11).

거룩함은 모든 사람에게 하나의 보편적인 조건이 되어야 한다. 거룩함에 관한 하나님의 부르심과 하나님께서 친히 그 거룩하심을 나타내신 바에 대한 고찰을 마무리하는 시점에서, 또한 아직 드러나지 않은 모든 것에 관해 우리는 스스로 베드로의 질문을 던져보아야 한다. "거룩한 행실과 경건함으로 너희가 어떠한 사람이 되어야 하는가?"

먼저 질문의 의미에 주목해보자. 원어인 그리스어에서 '행실'과 '경건함'은 복수형이다. 신학자 알포드에 의하면 "거룩한 행위들과 경건한 행동들에서 복수형은 거룩한 행위와 경건이 그 모든 형태와 본보기로 나타남을 의미한다." 베드로는 전인적으로 거룩함의 삶을 살기를 간청했다. 이것은 사람들을 대하는 우리의 행동과 하나님에 대한 예배와 섬김 등에서 나타나는 거룩함이다. 이 기준에 도달하지 않으면 진정한 거룩함이란 없다. 거룩함은 우리 그리스도인의 삶에서 하나의 보편적인 속성이 되어야만 한다.

거룩함은 하나님의 핵심적인 속성으로 그분의 완전을 포괄적으로 표현한 것이며 속성 가운데 으뜸이 되는 속성이다. 또한 구원자와 아버지로서의 그분과 그분의 아들과 그분의 성령, 그분의 날, 그분의 처소, 그분의 법, 그분의 종들, 그분의 백성 등을 특징짓고 나타냄과 동시에 이 모든 것을 아우르는 용어이다.

항상, 그리고 모든 것에서 심판이나 자비나 높임 받음이나 겸손이나 그분의 감추어짐이나 드러남에서 하나님은 거룩하신 분이다. 말씀은 우리에게 하나님을 기쁘시게 하는 거룩함의 통치가 최고의 것이 되어야 하며 모든 거룩한 행실과 경건함 속에 있어야 한다고 가르친다.

한 날의 짧은 순간이나 삶의 한 사건에서도, 겉으로 드러나는 행위나 마음속 가장 깊은 곳에서도, 예배나 사업에서도 우리에게 거룩하지 않은 어떤 것도 속해서는 안 된다. 성령의 기름 부으심으로 오는 거룩함, 예수 그리스도의 거룩함이 모든 것을 덮으며 두루 퍼져야 한다. 우리가 거룩해지려고 한다면 어떤 것도 제외될 수 없다. 베드로가 하나님의 부르심에 대해 말한 바와 같이 "모든 거룩한 행실에 거룩한" 자가 되어야 한다. 성령의 그 위대한 언어를 사용하려면 모든 것이 "성도들에게 합당한" "성도에게 마땅한 바"가 되어야 한다(롬 16:2, 엡 5:3 참조).

다음으로 질문의 영향력에 주목해보라. 베드로는 "그러므로 사랑하는 자들아 너희가 이것을 바라보나니"(벧후 3:14)라고 말한다. 우리는 계시의 과정을 통해 하나님께서 그분의 거룩함을 알도록 허락하시고 이에 참여하게 하신 놀라운 은혜와 인내가 모두 앞으로 다가올 일에 대한 준비로 이루어졌음을 살펴보았다. 우리는 거룩하신 자 하나님께서 그분이 거룩하시듯이 우리도 거룩하라고 부르시고 간청하시고 명령하시는 목소리를 들었다.

우리는 하나님께서 거룩하시듯 거룩해져서 그분과 함께 영원히 거하기 위해 하나님을 만나기를 기대한다. 이것은 몽상이 아니다. 이것은 생생한 실제이다. 우리는 이것을 삶을 살 만한 가치가 있게 만드는 유일한 것으로 기대한다. 우리는 어린아이 같은 사랑의 확신을 하고 그분의 성도들과 함께 "거룩하신 아버지여!"라고 부르짖는 우리를 받아들이시는 하나님의 사랑을 고대한다.

우리는 하나님의 거룩하신 이, 우리의 거룩함이신 예수님을 알기 위해 배워왔다. 우리는 그리스도 예수 안에서 거룩한 자가 되어 매일 그 안에서 살고 있다. 우리는 쉼 없이 그분의 거룩함을 의지하고 있다. 우리는 하나님께서 이루셨으며 우리도 가능하게 하신 그분의 뜻 안에서 걷고 있다. 그리고 우리는 "그의 성도들에게서 영광을 받으시고 모든 믿는 자들에게서 놀랍게 여김을 얻으실 때에" 커다란 기쁨으로 그분을 만나기를 고대한다(살후 1:10 참조).

그리스도 안에서 하나님의 거룩함이신 성령께서 우리와 함께 계셔서 우리 유업의 증거로써 우리를 거처 삼으시려고 오셨다. 거룩함의 영이신 성령은 주님이 오시는 그날에 우리가 흠이 없도록 영과 혼과 육체를 비밀히 거룩하게 변화시키고 계신다. 우리를 빛 안에서 거룩한 자의 유업에 합당하게 하시는 것이다.

우리는 성령께서 그분의 사역을 완성하실 때 그리스도의 몸이 완전해지는 그때를 고대하고 있다. 그때 우리는 성령의 생명과 영광으로 넘쳐흐르는 신부가 되어 그리스도께서 그 아버지와 함께 보좌에 앉아 계시듯이 그분과 함께 하나님의 보좌에 앉게 될 것이다.

우리는 영원토록 비밀스러우신 성삼위일체를 흠모하고 경배하기를 소망한다. 이것은 우리의 마음을 넘치는 기쁨과 경이로움으로 전율시킨다. 거룩하게 하시는 하나님의 역사가 완성될 때 우리는 노래를 부르며 기뻐할 것이다.

"거룩하다. 거룩하다. 거룩하다. 주 하나님, 곧 전능하신이여. 전에도 계셨고 이제도 계시고 장차 오실 자여!"(계 4:8).

이 모든 것을 준비하는 과정에서 참으로 놀라운 일이 펼쳐질 것이다. 예수님이 친히 나타나실 것이다. 죄와 세상의 권세는 무너질 것이다. 가시적인 세계는 아주 없어질 것이다. 성령의 능력이 모든 피조물 위에 개가를 올릴 것이다. 새 하늘과 새 땅이 거기 있게 되며 그 안에 의가 거하게 될 것이다. 그리고 성삼위일체와의 교제 가운데 영원히 넘쳐나는 축복과 영광중에서 거룩함이 펼쳐지게 될 것이다.

"거룩한 자는 그대로 거룩하게 하라." 모든 믿는 자들이 그 중요성을 깨닫고 인정하도록 다음 질문을 던져보는 것이 꼭 필요하다. "그러므로 사랑하는 자들아, 너희가 이것을 바라보나니 너희가 어떠한 사람이 되어야 마땅하냐. 거룩한 행실과 경건함으로?"

"너희가 어떠한 사람이 되어야 마땅하냐. 거룩한 행실과 경건함으로?" 이 질문이 필요한가? 하나님의 거룩한 자들(거룩한 이를 그분의 영광과 사랑 가운데 만나러 가는 중인, 그들과 함께 거하시는 바로 그 거룩함의 영에 의해 예수 그리스도 안에서 거룩해진 성도들)에게 이 질문이 필요하겠는가? 아! 이것은 베드로가 살았던 시대에 필요했다. 그리고 이것은 우리가 사는 시대에도 여전히 너무나 필요한 것이다.

신약에서 아버지께서 그분의 자녀를 향해 다른 모든 이름보다 거룩한 자들이라고 부르기를 좋아하셨음에도 '거룩한'이라는 단어를 낯설고 이해하기 어려운 것으로 여기는 그리스도인이 많다는 사실은 얼마나 슬픈가! 거룩한 삶이 실제로 가능하며, 말할 수 없이 복됨을 한 번도 깨닫지 못함으로 말미암아 거룩함이라는 말에 별로 흥미를 느끼지 못하는 그리스도인이 너무나 많다. 더욱 슬픈 사실은 주님을 섬긴다는 사역자들을 포함해 많은 사람에게 '모든 거룩한 행실과 경건'이 아직도 비밀스럽게 여겨지고 부담으로 다가온다는 것이다. 이는 그들이 아직 뜻이나 일에서 거룩하신 자가 그분의 성령으로 채우시는 것에 마음을 같이하지 않았기 때문이다.

거룩한 삶의 능력을 분명히 알고 있는 사람들도 그들이 거룩한 삶으로 가는 통로가 얼마나 더 풍성해야 하며, 아직 너무 미약하다고 느끼는 타인들과의 연합의 축복이 얼마나 더 온전해야 하는지 깨달을 때 스스로 불신앙과 불충성을 비탄하는 소리를 다시 발하게 될 것이다. 베드로 사도의 질문은 꼭 필요한 것이다. 우리 각자가 거룩함을 주시는 성령으로 이에 답해야 하지 않겠는가? 그때 우리는 이 질문을 우리 형제들에게도 전달해서 우리와 그들이 믿음 안에서 서로 돕고 하나님께서 가지신 질문의 대답을 위해 기쁨과 소망으로 살아야 한다.

이런 일들이 모두 해결될 것이라고 본다면 우리는 거룩한 행실과 경건함으로 어떠한 사람이 되어야 마땅한가? 시간은 부족하다. 세상은 빠르게 지나가 버린다. 이방인들은 죽어가고 있고 그리스도인들은 잠자고 있다. 사탄은 왕성하고 힘이 있다. 하나님의 거룩한 성도들은 교회와 세상의 희망이다. 주께서 사용하실 수 있는 것은 그들이다.

우리는 모든 거룩한 행실과 경건함으로 어떤 사람이 되어야 마땅한가? 하나님이 명령하신 "내가 거룩하듯이 너희도 거룩하라"는 말씀처럼 되기를 구하지 않겠는가? 우리의 거룩함이신 주와 그분의 거룩한 성령께서 우리의 모든 행동과 예배, 순종 가운데 우리를 거룩하게 하시도록 새롭고 온전하게 자신을 드리지 않겠는가?

예수님의 사랑과 다가오는 영광을 소망하면서 도래할 종말과 교회, 그리고 세상의 필요를 위해 하나님께서 거룩하시듯 우리도 거룩해지도록 자신을 드림으로써 우리가 만나는 모든 믿는 자들에게 하나님께서 행하실 일들에 대한 메시지로 축복하는 권능을 갖지 않겠는가? 그럼으로써 우리는 그들과 함께 이 썩어가는 세상에서 빛이 되고 축복의 전달자가 될 수 있다.

여호와 하나님의 거룩한 책이 끝맺는 말로 나도 이 책을 끝맺으려고 한다.

"이것들을 증언하신 이가 이르시되 내가 진실로 속히 오리라 하시거늘 아멘 주 예수여 오시옵소서. 주 예수의 은혜가 모든 자들에게 있을지어다. 아멘"(계 22:20-21).

하나님의 사랑을 알 수 있는 것은 오직 믿음으로만 가능하다.

믿음은 시험 중에도 믿음으로 행하고 애쓸 때만 성장한다.

가시적인 것에서 실패했을 때 믿음의 에너지가 솟아나 불가시적인 것,

즉 하나님의 방법에 맡기게 한다. 그렇기에 고난은

믿음이 더 커지게 하고 하나님의 사랑에 더 깊이 들어가게 하려고

선택된 조력자이다. 이것은 새롭게 사는 길이다.

■ 나의 신앙 고백 1

이 책을 읽고 가장 은혜가 되었던 내용은 무엇이며,
나의 신앙생활에 도전이 되었던 점은 무엇입니까?

....

....

....

....

....

....

....

■ 나의 신앙 고백 2

이 책을 읽고 가장 은혜가 되었던 내용은 무엇이며,
나의 신앙생활에 도전이 되었던 점은 무엇입니까?

■ 나의 신앙 고백 3

이 책을 읽고 가장 은혜가 되었던 내용은 무엇이며,
나의 신앙생활에 도전이 되었던 점은 무엇입니까?

....

....

....

....

....

....

....

■ 나의 신앙 고백 4

이 책을 읽고 가장 은혜가 되었던 내용은 무엇이며,
나의 신앙생활에 도전이 되었던 점은 무엇입니까?

....

....

....

....

....

....

....